父母是孩子一生的**心理老师**系列丛书

阅读此书，**点亮**内心世界！
阅读此书，**汲取**人生经验！

陪孩子走过
高中三年
——送给亲爱的高中生

李澍晔　刘燕华　李美晔◎著

与快乐心态的**密码**就在这本书里！
与智慧的**钥匙**就在阅读的过程中！

内蒙古人民出版社

图书在版编目（CIP）数据

陪孩子走过高中三年：送给亲爱的高中生 / 李澍晔，刘燕华，李美晔著. -- 呼和浩特：内蒙古人民出版社，2018.8
（父母是孩子一生的心理老师）

ISBN 978-7-204-15558-3

Ⅰ.①陪… Ⅱ.①李… ②刘… ③李… Ⅲ.①高中生－心理健康－健康教育－家庭教育 Ⅳ.①G444 ②G782

中国版本图书馆CIP数据核字（2018）第168703号

陪孩子走过高中三年——送给亲爱的高中生

作　　者	李澍晔　刘燕华　李美晔
责任编辑	白　阳
封面设计	晴晨时代
出版发行	内蒙古人民出版社
地　　址	呼和浩特市新城区中山东路8号波士名人国际B座5层
网　　址	http://www.impph.cn
印　　刷	三河市海新印务有限公司
开　　本	710×1000　1/16
印　　张	13.75
字　　数	200千
版　　次	2018年9月第1版
印　　次	2018年9月第1次印刷
书　　号	ISBN 978-7-204-15558-3
定　　价	36.00元

如发现印装质量问题，请与我社联系。联系电话：（0471）3946120　3946173

前　言

随着当今社会生活节奏的加快，学习、生活、交往、家庭、社会的压力不断增加，处于高中时期的孩子们由于特殊的生活环境和成长环境，特别是年龄处于青春期的最敏感阶段，心理问题显得十分突出，应该引起家长、学校和社会的普遍重视。

我们认为处于青春期阶段的高中生的心理问题很复杂，原因是多方面的，涉及的问题也很多，集中表现在逆反、自卑、多疑、缺乏自信、自制力差、缺乏责任心、没有感恩之心、以我为中心、自私自利、贪玩、报复、冲动、自尊心强、早恋、网瘾和性迷惑等，如果不及时教育，不能有的放矢地采取措施疏导，可能会导致严重后果。

在全世界的范围内，16～19岁（高中阶段）这个年龄阶段心理问题日益突出，人们都在关注高中生的心理健康，因此努力研究高中生的心理特点，使高中生保持良好的心理状态，是当务之急。

事实上，一些高中生的心理问题已经很严重了，家长、老

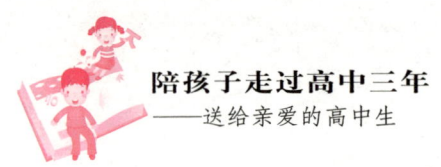

师、社会都应引起高度重视,掌握他们的心理特点,注意引导和研究,使他们成为一个适应社会、适应未来、敢于承担责任,勇于面对一切的人显得尤为重要。

　　这本书以实例的形式出现,生动性、可读性、实用性、借鉴性强。您在书中可以对照别人的心理问题,查找孩子的心理问题,可以达到自我咨询、自我诊断、自我调理的目的。

目 录

嫉妒与多疑心理

1. 同学考试分数超过自己以后 / 1
2. 智能手机被没收 / 11

撒谎与恐惧心理

1. 昏倒在电脑桌 / 19
2. 就是不肯吃蔬菜 / 27

焦虑心理

1. 生理期的爆脾气 / 33

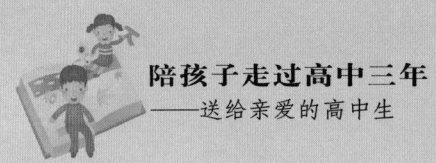

2. 高考前夕，心神不宁，无法正常复习 / 40

攀比与害羞心理

1. 新款手机换不停 / 49
2. 腼腆害羞的大男孩 / 56

离家出走与迷恋网络

1. 模拟考试成绩不理想该怎么办 / 65
2. "学习"到深夜 / 72

轻生心理

1. 一定要考上名牌大学 / 79

逆反与随众心理

1. 送医院抢救了两次 / 86
2. 转发无聊信息惹是非 / 94

目 录

侥幸与虚荣心理

1. 抽烟危害大 / 99
2. 花高价模仿歌星签名 / 105

心胸狭窄与暗恋心理

1. 老师无意中的一句批评 / 113
2. 迷恋年轻的班主任老师 / 120

冲动与强烈追求异性心理

1. 事情没有弄清楚前,就贸然出手 / 129
2. 给女同学写了 55 封情书 / 137

"小团体"与"撞大运"心理

1. 竟然与几个同学"拜把子" / 145

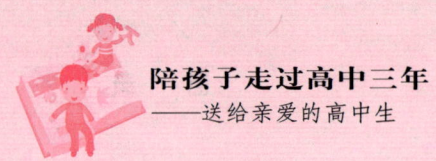

挫折与迷信心理

1. 妈妈和爸爸离婚以后 / 153
2. 枕头下面的护身符 / 161

自卑与逞能心理

1. 书包里为什么都是减肥药 / 169
2. 特别爱出风头 / 176

电视综合征、固执与盲目崇拜心理

1. 整夜偷看电视连续剧 / 184
2. 卧室着火以后 / 191
3. 见到球星的东西就要买 / 199

后记 / 206

嫉妒与多疑心理

1. 同学考试分数超过自己以后

上高二的芬芬,学习很刻苦,数学成绩总是全班第一。进入高二下半年,随着高考压力不断增加,同学们都开始努力了,谁也不甘落后。前几天,学校组织数学月考,分数出来以后,芬芬的分数是全班第三名,她心里很难过,脸上顿时没有了表情,而且还不与成绩前两名的同学说话。从此以后,芬芬上课经常走神,几次回答问题都答非所问,作业也不怎么工整了,有时甚至不写作业。

过了几天,学校又进行了阶段性的数学测验,她的成绩滑落到全班第16名,老师感到不对劲,中午给芬芬的爸爸打电话询问情况。芬芬的爸爸说芬芬最近在家不怎么爱吃饭,

话很少,表情冷淡,总感觉睡不好觉。下午放学以后,老师主动找芬芬谈心,关心地问芬芬有什么隐情。芬芬低头不说话,哭泣起来,嘟囔着说没有脸面活了,而后就再也不说话了。老师担心芬芬出什么意外,立刻把心理专家找来帮助芬芬。

  心理专家看见芬芬表情冷漠,于是就采取温情处理法。她递给芬芬一杯热咖啡,剥了一块巧克力给芬芬,同时还播放一段抒情的音乐。半个小时以后,芬芬的表情放松了许多,眼睛也有神了,开口说出了心中的秘密。原来,芬芬从小学习就好,对数学特别有兴趣,总是全班第一名。芬芬的妈妈和爸爸离婚多年了,芬芬与爸爸生活在一起。平时芬芬与爸爸的话很少,除了学习就是学习,这让她感到生活很压抑。爸爸只看分数,经常对她说,要想考上好大学,数学就要好,必须保持全班第一。进入高二下半学期以后,同学们都知道学数学的重要性,有的同学请了数学家教,研究难题,效果明显;有的同学买了其他学校的考试

嫉妒与多疑心理

练习题恶补，成绩提高很快。这几次数学考试，芬芬成绩落后了，看着数学分数超过她的同学，芬芬很气愤，心里特别不是滋味，就好像压了一块大石头，上课无法集中精力听讲，下课不愿意与同学说话，夜间不能入睡，饭也不想吃了，甚至不愿意见到同学，不想上学了。

心理专家认为：芬芬从小学习就好，数学成绩一直名列前茅，不能容忍同学超过她。当同学的数学成绩超过她以后，她心理不平衡，出现了嫉妒心理，由于芬芬缺少家庭温暖，必须及时进行心理疏导，以免影响学习和团结。

载人飞船的启示

心理专家把载人飞船的发射录像给芬芬看，芬芬看着腾空的火箭和进入轨道的飞船，看着航天员走出窗外，看着鲜艳的五星红旗，感到很震惊，惊叹说："航天员太勇敢了，真了不起。"看完录像，心理专家语重心长地与芬芬交谈起来。航天飞船能飞上天，是集体共同努力的结果。航天设计人员、航天飞船制造人员、发射控制人员、火箭制造人员、气象分析人员、安全保卫人员、后勤保障人员、飞船观察人员、地面跟踪监测人员等等，缺

少谁都不可以。没有一个团结、高效、精干、吃苦和奉献的团队，航天飞船是不可能上天的。航天飞船上天的事说明了一个道理，团结、合作、鼓励、支持、帮助最重要，如果大家互相嫉妒，互相拆台，工作怎么开展呢？

芬芬似乎明白了这个道理，点头表示同意。

《青蛙生气的故事》的启示

心理专家把笔记本电脑打开，播放了自己制作的两个动画片《青蛙生气的故事》和《青蛙与鲤鱼比赛》。

《青蛙生气的故事》内容是：青蛙们在河边玩，看见一群漂亮的蝴蝶飞来了。漂亮的蝴蝶翅膀很美丽，在河边的花丛中飞舞。一只青蛙看着美丽的蝴蝶很生气，心说：我怎么没有漂亮的翅膀呢？我怎么不会飞呢？越想越生气，越生气，肚子气得越鼓，最后肚子撑不住了，爆炸了。画外音：嫉妒让人生气，生气危害健康，嫉妒是魔鬼……

《青蛙与鲤鱼比赛》的内容是：青蛙与鲤鱼比谁游得快。比赛开始了，青蛙纵身跳出去，游在前面，十分得意。过了一会，鲤鱼超过了青蛙。青蛙看着游在最前面的鲤鱼，泄气了，停了下嫉妒与多疑心理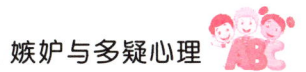

来在原地大叫，肚子鼓了起来，最后肚子爆炸了。画外音：竞争就会有落后，生气是解决不了任何问题的。青蛙如果想超过鲤鱼，就要继续努力。

芬芬聚精会神地看完了两个有意思的动画片，脸红了起来，知道自己嫉妒同学是错误的，也是很危险的。

认清嫉妒的危害

心理专家告诉芬芬，嫉妒分积极与消极两类，积极的嫉妒使人产生向上的前进动力，出现"比、学、赶、帮、超"的局面。消极的嫉妒能腐蚀人的灵魂，让人在泥潭中挣扎，甚至做出极端的事情来。

嫉妒是破坏友谊的罪魁祸首，使同学之间亲密无间的关系出现畸形，使人与人之间有了无法逾越的隔阂，相互间没有了信任与支持。嫉妒会让别人感到冷淡与恐惧，自己也感到孤独与可悲。

嫉妒是导致暴力发生的导火索。个别同学嫉妒之火强烈，对被嫉妒的目标产生仇恨，情绪躁动，甚至丧失理智，或以暴力的方式攻击对方，引发严重的后果。

嫉妒是引发心理疾病与精神疾病的根源之一。嫉妒心强的

人，心情郁闷，精神萎靡不振，容易出现失眠、紧张、焦虑、报复等心理，严重时还会造成神经衰弱，甚至精神疾病。

嫉妒如同恶魔一般，使人掉进万丈深渊。同学们有了嫉妒心理以后，千万不要大惊小怪，谈虎变色。事实上，很多同学曾经有过嫉妒心理，只是轻重程度、表现形式不同而已。嫉妒像怪兽一样，随时随地都可能会出现，要避免嫉妒心理出现，就要加强学习，拓宽自己的视野与心胸。

爸爸态度的转变

心理专家主动与芬芬的爸爸交换意见，把芬芬有了嫉妒心理和行为异常的情况告诉了芬芬的爸爸。芬芬的爸爸很吃惊，当即表示要配合心理专家做好芬芬的心理工作。心理专家耐心地给芬芬的爸爸讲了教育孩子的方式和方法，讲了高中生的心理特点，使芬芬的爸爸豁然开朗，认识到自己的错误。于是，爸爸采取温和的办法，晚饭后主动向芬芬道歉：因为自己言语不当，无意中给芬芬造成了巨大的压力，其实无论考多少分，爸爸都是爱她的。另外，谁也不可能总考第一，只要平时努力了，考多少分都正常。考分少了，落后了，可以查找出自己的问题和不足，找到

嫉妒与多疑心理

正确前进方向。芬芬看到爸爸能主动向自己承认错误，心中顿时觉得轻松了。为了让芬芬感到家庭的温暖，爸爸主动调整工作时间，腾出一些时间陪伴芬芬。早上给芬芬做可口的饭菜，晚上变着花样的让芬芬吃好，饭后父女两个人到门口的公园里散步，让芬芬把心中的烦恼倾诉出来。星期日爸爸与芬芬一起去爬山，锻炼身体，使芬芬真正感到了父爱，感到生活的快乐。

主题班队会的效果

心理专家与芬芬的班主任交换意见，把芬芬目前的心理情况详细地讲给班主任老师听，希望班主任老师配合做好芬芬的心理疏导工作。班主任老师平时很喜欢芬芬，知道了芬芬的情况后，立刻与团支部书记商量通过开展丰富多彩的活动来改善学习气氛，创造良好的班级环境，让同学们正确对待考试分数的问题。经过商量，班里决定开展"团结、集体与进步"的主题班队会。同学们结合奥运会和国庆阅兵等重大事件，认真准备写发言稿，各自谈了对考试分数、落后与进步、积极竞争、互相帮助的认识，同学们明白了只有共同进步，只有在集体的环境中才能真正实现人生价值。同学之间应该真诚，无论谁进步了，都是值得高兴的事情。

数学老师的鼓励

心理专家与芬芬的数学老师交换意见,希望关注芬芬,给芬芬更多的鼓励。数学老师很理解芬芬的心情,主动帮芬芬分析数学考试中存在的问题,一起找出解题技巧,肯定芬芬扎实的数学基本功和严谨的学习态度,鼓励芬芬坚持下去,一定能把数学学好,成绩肯定还能和以前一样好。数学老师还语重心长地告诉芬芬,高考是对数学能力的综合考评,所以数学成绩不在一时或一个阶段,也不是一次、两次的成绩。数学老师的话让芬芬顿时恢复了学习数学的信心,芬芬表示要持之以恒地把数学学好,不在乎一次、两次考试成绩落后。

与上届高考者的谈话

心理专家找来去年参加高考的大学生与芬芬交流数学问题。几个大学生也都认为数学考试是考查全面的数学知识,以基础为主,初中、高中各个阶段都很重要,不必纠结偶尔几次考试成绩。芬芬只要把基础打好,根据自己的情况有针对性地学习,高考时一定能取得好成绩。几个大学生的话让芬芬的心情好多了,

嫉妒与多疑心理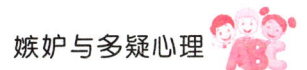

恢复了学习数学的信心。

卡片的警示作用

心理专家建议芬芬制作几张随身携带的卡片，写上几个字，起到警示作用。卡片的内容是：嫉妒是不健康的心理状态，自觉远离；与自己比最重要；要心宽，要阳光，要快乐；一个人学习进步不是真好，同学学习都进步才是真好……

通过心理专家的干预，老师和同学的帮助，芬芬的嫉妒心理渐渐消失了，现在芬芬不在乎同学的数学考试分数超过她了，按照自己的学习方式学习，成绩也逐步提高了。

心理专家对老师的忠告

教学中，老师要鼓励同学开展积极、健康的竞争。班级里可以开展丰富多彩的集体活动，让学生在活动中感悟到友谊、团结、互相帮助的重要性；老师要认真观察学生的心理变化，主动与学生谈心，给学生减压。要经常与学生家长交换意见，了解学生的情况。

陪孩子走过高中三年
——送给亲爱的高中生

心理专家对家长的忠告

要了解孩子的心理特点，尊重孩子、保护孩子的自尊心；要理解孩子，鼓励、安慰孩子，适当给孩子减压；要给孩子创造温暖的家庭环境和快乐的学习环境，让孩子快乐学习。家长自己也要克服嫉妒心理，为人处事大方，给孩子做好表率。

心理专家对高中生的忠告

要认识嫉妒的危害，学会自我调控、自我鼓励，不要生闷气。要有容人之长、坦荡豁达的胸襟。要去掉浮躁之心，脚踏实地地学习。要把嫉妒变为前进的动力，从同学身上发现自己的不足，积极努力超过同学。

认真回忆一次成功克服嫉妒的过程：

_____
_____
_____
_____

2. 智能手机被没收

 情景再现

星期五下午,高二(5)班的老师利用课后的时间给同学讲课堂纪律,明确提出不能在学校使用手机,不点名地批评了军军上课悄悄使用手机,给班集体抹黑的事,军军感到很没有面子。

下学了,军军面色难看,第一个跑出校门,找来一块砖头,等着同学小刚的出现。小刚骑自行车出了校门,刚拐进一个胡同,就被军军拦住了。军军举着砖头,大声说:"叫你告密,还我的手机,还我的手机……"

小刚感到莫名其妙,吓得扔下自行车往回跑,军军举着砖头在后面追,追出胡同,正好遇到老师下班经过这里,老师制止了军军的行为并严肃批评了军军,准备明天叫家长来学校。

军军扔下砖头,红着脸跑回家了。进了家以后,军军

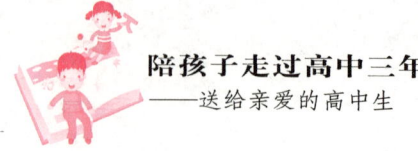

作业不写了，吃饭的时候一句话也不说，一副怒气冲冲的样子。妈妈问他怎么了，他愤恨地说："明天要去算账，轻饶不了他……"

妈妈感到军军的情绪不对，立刻与老师联系，老师把刚才路上军军拦截同学的事情说了一遍，建议家长严格管理。妈妈担心军军出事，赶快把心理专家请来，帮助军军解决问题。

心理专家采取呼喊法，让军军在小区公园里高声呼喊20次，把心中的烦恼喊了出来。原来，上数学课时，他悄悄地看手机，被数学老师发现了，手机被没收了，送到学校教务处。坐在后桌的小刚幸灾乐祸地轻声说了一句活该，被他听见了，他立刻怀疑是后桌的小刚秘密告诉了老师。军军心中好像堵了一块大石头，非常气愤，于是在下学的路上拦截了小刚。

心理专家认为：军军上课看手机，被数学老师批评，手机也

嫉妒与多疑心理

被没收了，因为小刚的一句幸灾乐祸的话，怀疑小刚是告密者，愤怒聚积，怀疑心理加剧，产生了报复行为，必须严肃批评教育和认真疏导。

《糊涂的梅花鹿妈妈》的启示

心理专家打开笔记本电脑，给军军播放了一个自制的动画片——《糊涂的梅花鹿妈妈》。内容是：梅花鹿妈妈睡觉的时候，孩子跑出去玩了，醒了以后，发现孩子没有了，心里很着急。突然，看到邻居老黄牛在说笑，就怀疑是老黄牛偷了它的孩子，越想越觉得是老黄牛偷的，十分生气，去找老黄牛打架。老黄牛解释说不是它偷的孩子，梅花鹿妈妈不相信，用坚硬的犄角扎老黄牛，把老黄牛的嘴扎流血了。老黄牛不示弱，用犄角与梅花鹿妈妈顶了起来，眼看着要出大事了。忽然，百灵鸟儿焦急地飞来了，大声对梅花鹿妈妈说：不要打了，你的孩子在山谷的狼窝里，是大灰狼偷走了你的孩子。梅花鹿妈妈立刻跑向山谷，发现孩子被大灰狼叼着，眼看就要被吃掉了。梅花鹿妈妈奋不顾身地冲向大灰狼，与大灰狼拼命。可是梅花鹿妈妈根本不是大灰狼的对手，眼看就要被大灰狼咬断脖子。危急时刻，老黄牛带着牛

群赶来,把大灰狼吓跑了,梅花鹿母子得救了。梅花鹿妈妈突然醒悟了,羞愧地看着救命恩人老黄牛,怎么也不像偷孩子的样子了。画外音:《糊涂的梅花鹿妈妈》说明了一个问题,当无端地怀疑某个人、某件事的时候,思维可能会偏执,会不由自主地钻牛角尖,如果长时间不能自拔,就会产生报复之心。

看完这个动画片,军军的脑子突然开窍了,他立刻认识到了自己无端怀疑同学,甚至拦截同学的错误,惭愧地低下了头。

烧伤学生的心里话

心理专家把军军带到一位满脸被烧伤的高三学生面前,军军看着被烧伤学生,听完被烧伤学生的述说,心中不是滋味。原来,被烧伤学生从高一开始学会了抽烟,同学都知道他抽烟,没有人告状,他很得意。一天晚上,他在家里的沙发上抽烟,引发了大火,家被烧毁了,自己也被烧伤了。现在这位被烧伤的高中生最大的感触就是,如果当初同学把他抽烟的事情告诉老师和家长,自己就可能改掉抽烟的坏毛病了,也就不可能发生这么惨烈的事情了。

心理专家认真地说,你上课看手机违返了课堂纪律,即便真

嫉妒与多疑心理

是同学告诉了老师，也是为了你好，是你真正的朋友，你应该感谢同学才是呀。如果同学看到你的错误，故意包庇你，为你隐瞒，甚至鼓励你犯错误，那还叫好同学吗？同学间的友谊就是建立在真诚、信任、敢于批评的基础上。

军军听了心理专家的话，恍然大悟。

及时的法制教育

心理专家找来派出所民警，给军军讲法制教育课，其中的一个案例很说明问题，震动了军军。前几年，一位高一学生，因为无端怀疑同学说他坏话，竟然用水果刀把同学的心脏扎伤，造成了严重后果，致使两个家庭陷入了无限的痛苦中。如果在怀疑心理的支配下，产生报复行为，后果难以预料，非常危险。同学之间应该互相关心、爱护和帮助。一时的冲动可能会造成严重的后果，法律不同情后悔者的眼泪。高中学生要有法治观念，要自觉地遵守法律、法规，执行学校的规章制度，如果把法律当成儿戏，最终自己会吃下难以咽下的"苦果"。同学之间，如果遇到问题，可以直接找同学谈，也可以通过老师家长来消除双方的误会。

听了民警的话,军军感到了自己在怀疑心理的支配下,鲁莽地去拦截同学,还准备用砖头砸同学是多愚蠢的做法。

班主任老师的帮助

心理专家找到军军的班主任老师,建议班主任老师教育和帮助军军。班主任老师知道了整个事情的经过后,没有严厉地批评军军,而是语重心长地给军军讲道理,结合品德课,从不同的角度深入浅出地说明了同学之间友谊、团结、真诚、互助、爱护的重要性,希望军军引以为戒。班主任老师的话对军军很有帮助,军军认识到了自己的问题,主动写出了深刻的检查,大胆地走上讲台,当众检讨,希望同学监督和原谅,号召同学开展团结、友爱、互助活动。为了安慰被他拦截的同学,军军还制作了一个"彩虹卡",真诚地交给了被拦截同学,流着眼泪向小刚鞠躬,得到了小刚的原谅。

时刻警告自己

心理专家建议军军养成写日记的好习惯,每天写日记前,先

嫉妒与多疑心理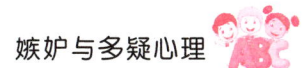

写这句话——多疑是使自己走向深渊的开始，是破坏团结的大敌，要心胸宽广、友善、真诚。每天晚上，军军都在日记本上写这句话，起到很好的警示作用。

通过心理专家的干预，军军明白了很多做人的道理，心胸逐渐宽广起来了，不再乱猜疑了。

心理专家对老师的忠告

老师发现学生有了多疑心理与行为以后，要及时给学生讲道理，讲心理学知识，讲法制知识，让学生认识到多疑的危害与严重后果，自觉克服。要主动与学生谈心，及早发现问题、及早解决问题。要创建积极向上的班集体环境，让学生处处感受到团结、真诚、友谊、批评和自我批评的重要性。

心理专家对家长的忠告

家长自己要克服多疑的行为，给孩子做好榜样。要培养孩子自信和宽容的胸怀，引导孩子珍惜同学间的友谊；要适时地给孩子讲法律知识，让孩子有法治观念，自觉地遵纪守法；要让孩子

陪孩子走过高中三年
——送给亲爱的高中生

知道真正的朋友是什么,什么是真正的关心和帮助;要教育孩子多读书,提高明辨是非的能力。

心理专家对高中生的忠告

要学会沟通,说出心里话,积极消除误会。要博学多才,提高修养,提高思想认知水平,善于发现事物的本质。要胸怀宽广,不要随意怀疑人和事。要明白什么是真正关心和帮助你的人。

认真回忆一次成功克服多疑的过程:

_____
_____
_____
_____
_____
_____
_____

撒谎与恐惧心理

1. 昏倒在电脑桌

 情景再现

进入高三以后,由于要在学校上自习,海海下学很晚,他进家以后,赶快吃几口饭就进自己的房间学习了。不知道为什么,他进入自己的房间以后,总是把房门关得很严,谁也不让进。妈妈给他送水果,他把门开个缝隙,接过水果后,又把门反锁好。妈妈问他为什么要反锁房门,他神秘地说专心学习,防止妈妈和爸爸干扰。

一天夜间两点了,爸爸去卫生间,听见海海的房间里有动静,敲门问海海为什么还没有睡觉,海海说复习数学呢,明天要考试。爸爸担心他的身体健康,催促他立刻睡觉。

一天夜间三点了,妈妈又听见海海的房间里有音乐声,赶快到门口敲门,问海海怎么还不睡觉,海海说背英语呢,

明天要考英语。

海海的妈妈和爸爸看到海海学习这么刻苦,既心疼又高兴,逢人便说海海是好孩子,学习刻苦,知道拼搏了,将来一定能考上好大学。

星期日的早晨8点,妈妈和爸爸起床后,赶快把饭做好了,敲海海的门,敲了几分钟不见海海的回音。妈妈和爸爸感到情况不对劲,用力撞开了房门,被眼前的情景吓呆了。原来,电脑开着,画面是一款新游戏,海海趴在电脑键盘上,昏了过去,全身发凉,情况万分危急。爸爸赶快叫了120救护车,海海在医院的抢救室里抢救了两天,才脱离危险。医生诊断海海为脑出血,与玩电脑熬夜有关系。出院以后仍需要休息一个月,海海夜间多次悄悄哭泣,感到很对不起父母,无脸见人。妈妈担心海海再次撒谎,把心理专家请进家,帮助海海克服撒谎问题。

心理专家采取兴趣交流法,很快让海海开了口。原来,海海

的学习成绩一般，上了高三以后，他的学习成绩又落后了，感到考大学没什么希望，厌倦了做作业和复习备考试卷，在学校除了考试还是考试，让他感到很压抑，下学回家以后想轻松一下，开始在网上听音乐，后来喜欢上了玩游戏。妈妈和爸爸管得严，只要求他读书，没有任何业余活动，为了不让父母知道自己上网，只好把门反锁，撒谎说学习，逃避妈妈和爸爸批评。

心理专家认为：海海感到考大学希望渺茫，厌倦了学习和考试，上网寻求乐趣，为了逃避妈妈和爸爸的批评，有了撒谎心理，必须认真批评教育，帮助他改掉撒谎问题。

撒谎的起因与危害性

心理专家语重心长地与海海交谈起来，使海海明白了很多道理。海海认识到了撒谎上网娱乐的错误，辜负了妈妈和爸爸的期望。本来下学在外面玩，回家却说在学校写作业；本来要买喜欢的东西，向爸爸、妈妈要钱时却说学校统一买辅导材料；本来考试不及格，却偷偷地把分数改了，谎称自己考得非常好；本来上网玩游戏，却说学习、下载复习资料；这都是撒谎的具体表现形式。

撒谎是一种很坏的习惯，往往被认为是人格低下，品质恶劣

的表现。心理学认为，撒谎是不健康的心理活动，属于病态。

撒谎的起因主要有三个：第一，高中学生撒谎往往是从小时候喜爱吹牛发展而来的，是为了在人前显示自己。开始并没有什么恶意，可是看到相信谎言的人向他（她）投以羡慕的目光时，就得到了满足，于是就对撒谎产生了极大的兴趣。第二，因为担心被老师或父母批评，故意编造事实，逃避惩罚。第三，侥幸心理作怪，自认为能骗得他人信任，得到某些好处。

撒谎的危害主要有四个方面。第一，严重影响团结。一旦谎言被同学识破，就会引起同学对你的不信任，认为你品质不好，给原本很融洽的关系蒙上一层阴影，从此再也不愿意与你交朋友，没有了真正的友谊。第二，影响成长进步。如果撒谎的毛病改不掉或者改不彻底，进入成年以后必然要吃大亏，严重影响事业发展，会让你失去很多机会。第三，影响身体健康。根据试验，撒谎时人的心跳加快，血压升高，肾上腺素水平增加，脑神经紧张，消化系统出现异常，很不利于人的身体健康，甚至引发慢性疾病。

深刻教训，引以为戒

心理专家把一位脑外科医生找来，外科医生给海海看了一份

撒谎与恐惧心理

抢救记录，看完以后，海海出汗了，感到后怕，表示以后坚决不撒谎，做一个诚实的孩子。

抢救记录：一个高中生迷恋上网，夜间不睡觉在房间里玩游戏，看电影。国庆长假期间，他对妈妈说要封闭学习几天，把自己反锁在房间里上网娱乐，三天三夜没有合眼，最后因为脑溢血，死在电脑桌上。

看完这份抢救记录，海海进一步知道了撒谎的危害，羞愧地红着脸，知道自己做错了。

家庭减压，轻松快乐

心理专家与海海的爸爸和妈妈交换意见，建议海海的爸爸和妈妈改变态度，给海海创造温暖、宽松的家庭环境。海海的父母明白了孩子的身心健康最重要，积极改变教育孩子的方式与方法。第一步，开家庭会议。一家三口人坐在一起，认真开了家庭会议，研究了家庭的学习、活动、健身计划，达成了共识。第二步，开展丰富多彩的活动。每天都要一起散步30分钟，每周都要到郊区爬山、体验农村生活，每月去看一次电影或看一场篮球、足球转播。第三步，家庭成员的沟通。每天可以利用闲暇的

时间聊一聊天，互相了解，增加感情。

父母为了给海海减轻压力，对海海不设定高考目标，只要积极努力用心学，考上大学父母高兴，考不上大学也别有思想包袱，上大专、职业学校同样优秀。海海知道了妈妈和爸爸的态度以后，紧张的心情放松下来了。

老师和同学的关心

心理专家与海海的班主任老师交换意见，希望班主任老师关注海海的心理健康。班主任老师很有责任心，也很懂心理学知识，发动班干部做海海的思想工作。每天都有同学给海海打电话，询问身体情况，耐心地讲解作业和卷子，同学们的帮助鼓励了海海。班主任老师每个星期主动上门给海海补习功课，安慰海海安心养病，老师和同学们都欢迎他早日回到课堂读书，这让海海感到了无限的温暖，学习也有了劲头。

电脑上的警示语

家长、老师和同学们的关心，让海海受到了极大的鼓舞，海

撒谎与恐惧心理

海表示要坚决改掉撒谎的毛病。为了时刻提醒自己，海海写了"撒谎可耻"四个字，张贴在电脑的显视器上，每天都看几遍，起到了很好的约束作用。

经过心理专家的干预，通过大家的共同努力，海海深刻认识到撒谎的危害，撒谎的毛病也在逐渐改正。

心理专家对老师的忠告

发现学生有了撒谎的行为后，不要粗暴地批评学生，过早地给学生戴上撒谎的帽子，使学生心理负担加重。要创建文明班风，让学生在真诚中快乐成长。要积极观察学生的表现，发现问题主动与学生谈心，了解学生撒谎的动机与原因，谨慎批评和处理，保护学生的隐私和自尊心。对待学生要宽容，给学生改错的机会，用积极的心态改正撒谎的毛病。

心理专家对家长的忠告

家长不能撒谎，给孩子做好榜样；家长要养成尊重孩子的好习惯，善于听取孩子的意见，理解孩子，善于与孩子交朋友，要给孩

子说话的权利,不要给孩子施加过大的心理压力;家长要给孩子适当的自由,使孩子自己学会支配时间,安排学习、劳动及计划零花钱的用处等等,培养孩子独立意识,宽松的环境,容易形成诚实的家风;家长批评孩子时,要尊重事实,不能夸大问题,更不能无休止,允许孩子犯错误,也要给孩子改正错误的机会。

心理专家对高中生的忠告

高中学生一定要克服说谎的坏毛病,一是经常提醒自己不能说大话、假话,要对自己有信心,敢于请家长、老师、同学们监督自己的言语是否真实;二是犯了错误敢于承认错误,愿意接受批评与惩罚,明白知错就改,才是诚实做人的根本;三是不贪图虚荣,谦虚谨慎,既看到自己的长处,又能发现自己的缺点,并努力加以改正。

认真回忆一次成功克服撒谎的过程:

_____
_____
_____

2．就是不肯吃蔬菜

 情景再现

豆豆今年16岁。高一结束后，豆豆利用暑假去了农村的奶奶家，回来以后，不知道是怎么了，就是不肯吃蔬菜，而且持续一个多月没有吃蔬菜。妈妈平时工作忙，没有太在意，吃饭时妈妈给她夹蔬菜，她磨蹭着，趁妈妈不注意就把菜扔掉。有时，听到同学说蔬菜，豆豆也感到紧张，浑身不舒服，呼吸困难，手还颤抖，甚至有呕吐现象发生。豆豆还经常在学校劝同学也不要吃蔬菜，太恶心了，都是虫子……

慢慢地，豆豆身体开始出现了不良的症状，主要是：大便干燥、消化系统紊乱、皮肤显得粗糙无光、头皮屑增多、头发发黄、掉头发严重、记忆力下降、精力不集中、情绪不稳，没有了高中生的活力。一天上午上课，豆豆的牙齿流血，怎么也止不住，老师立刻带她去找校医，当校医询问豆豆的饮食习惯时，才知道豆豆竟然有一个月没有吃蔬菜了，

校医嘱咐她必须每天吃400～600克新鲜蔬菜。豆豆当时点点头，并没有明确地答复，以后仍然我行我素，还是不吃蔬菜。

豆豆的妈妈知道此事后，每天亲自监督豆豆吃蔬菜，但是豆豆仍然以恶心、没有食欲为借口，坚持不吃，在没有办法的情况下，妈妈带着豆豆去学校找心理专家帮助。

心理专家采取安慰法，她给豆豆播放了两首欢快的乐曲，10分钟后，让豆豆自然地开口讲出了心里的秘密。原来，豆豆从小一直在城市长大，从来没有见到过农民种菜，更没有见到农民是怎么给蔬菜施肥的。暑假期间，豆豆随爸爸去农村奶奶家，在奶奶家里恰好看到爷爷给蔬菜上农家肥（人的粪便）。由于是夏天，农家肥里面有很多的蛆在爬，苍蝇乱飞，豆豆看到这些以后突然感到阵阵恶心，内心充满了恐惧，一闭上眼，就是满脑子的粪便、蛆和苍蝇，后来发展到只要一看到蔬菜，就想起这个场景，从此再也不想沾蔬菜的边了。豆豆平时为了少见或不见蔬菜，家里的冰箱门也不敢开了。

心理专家认为：豆豆看到爷爷给蔬菜施肥的情景，受到了外界刺激，导致恐惧心理加剧，需要及时进行疏导和调整。

学点种菜知识

心理专家请来医院的营养医生，结合蔬菜图表，为豆豆进行认真讲解，从蔬菜种植、培养、施肥、除草、除害虫，到蔬菜收获、运输、整理、上市，再从蔬菜被买回家以后，清洗、加工、制作过程，全部讲了一遍，同时比较详细地讲解了各种蔬菜所含有的营养成分和人体每天需要的各种维生素和其他营养物质，使豆豆认识到蔬菜是人体必不可少的食物。

根据豆豆最近身体状况不佳的事实，营养医生明确指出了这些疾病就是与豆豆一个月不吃蔬菜有直接的关系。如果豆豆继续坚持不吃蔬菜的话，身体会很快垮下去，同时还会引发其他方面的疾病，严重时会有生命危险。豆豆也认识到高中生的身体发育迅速，如果不吃蔬菜，会造成营养不良的恶果。

看同学吃蔬菜

心理专家请来豆豆的几个同学，共同谈论蔬菜问题，并通过

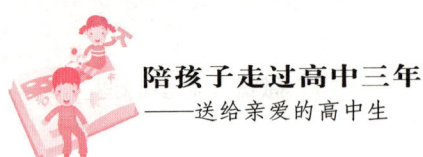

观察法和渗透法，帮助豆豆打开心结。豆豆看到同学们每天都吃洗干净的西红柿、黄瓜，并没有生病，而自己都因为害怕脏、害怕传染病，不吃蔬菜反而生了病。在事实面前，豆豆逐步认识到了自己的想法和做法是不对的。

辩论会

心理专家及时与豆豆的班主任老师交换意见，希望开展一次辩论会。细心的班主任老师在班里开展了一个蔬菜营养与身体健康的大讨论，布置蔬菜营养与身体健康宣传栏，播放蔬菜种植与营养的科普片。同学们找来许多蔬菜的资料，共同谈论蔬菜营养与身体健康发育的关系，高中生为什么要多吃蔬菜，不吃蔬菜的严重后果。一个同学引用"二战"资料，生动地讲解了蔬菜与战斗力的问题，使豆豆受到了教育，知道了吃蔬菜的重要性。

参与医生的家庭生活

心理专家让豆豆说出她自己认为最干净的人，豆豆说医生最干净，最讲究卫生。于是心理专家积极联系，请豆豆在一个医生

撒谎与恐惧心理

家庭里生活了七天，让豆豆看医生每天是不是吃蔬菜。医生每天非常积极地购买各种新鲜时令蔬菜，回来后清洗、加工、制作，慢慢地豆豆的心理开始适应了，不反感蔬菜了。同时，医生还经常为豆豆讲解病菌、消毒以及人体消化过程和人体抵抗病菌入侵的医学常识。

逐步适应

心理专家与豆豆的妈妈交换意见，希望豆豆的妈妈最近要密切关注一下豆豆的饮食与健康情况。开始几天，妈妈去购买蔬菜并且加工成蔬菜汁，使豆豆每日进食的蔬菜量能够正常地补充身体所需，逐步地让她接触比较干净的蔬菜，如：茄子、西红柿、豆角、青椒、黄瓜，慢慢适应蔬菜。

经过心理专家的干预，豆豆对蔬菜的心理恐惧反应逐渐消失了，现在已经没有任何反常现象了。

心理专家对老师的忠告

发现学生有了恐惧吃蔬菜的问题后，要给学生讲道理，讲健康知识，千万不能吓唬学生，以免加重恐惧感。要积极培养学生

陪孩子走过高中三年
——送给亲爱的高中生

的勇敢精神，提高学生的适应能力。

心理专家对家长的忠告

少数高中生，对外观不洁的蔬菜非常敏感。尤其是对眼见的"脏物"，往往会产生心理恐慌，这个应该引起重视。家长要关注和引导孩子正确对待，家长买菜时，最好去超市购买或者把加工过的蔬菜呈现给孩子。家长自己不要恐惧，给孩子做好榜样。

心理专家对高中生的忠告

要正确看待恐惧源，认清楚恐惧源的真实面目，自觉克服。要稳定情绪，提高自信心。要培养自己的意志品质，养成坚定、果敢、积极、向上的品质。要学会暗示自己，告诉自己是最勇敢的人，什么也不害怕。

认真回忆一次成功克服恐惧的过程：

_____

_____

焦虑心理

1. 生理期的暴脾气

情景再现

上高二的丫丫,是班里的学习委员,学习刻苦,成绩优秀,但由于课业负担重,感到压力很大,每天除了学习没有一点自由时间。

最近一段时间,丫丫性格变得特别急躁,尤其是来月经时,更为严重。这时,她总是预感要发生什么事情,烦躁不安,看什么也不顺心;注意力无法集中,学习效率极低,上课无法安静听讲,作业和考试经常出差错。丫丫平时脾气很好,月经期间经常因为一点小事对同学发火,严重时还与同学吵架,同学们都不愿意与她相处,可月经过后,丫丫就又

陪孩子走过高中三年
——送给亲爱的高中生

恢复正常了。

丫丫情绪不稳定，与同学发火过后感到特别后悔，觉得自己有些失态，不应该随意冲同学发火，并暗示自己下次月经来时，一定要控制好自己的情绪，可是下次来月经时，还是重演上次的"闹剧"。老师看到她情绪反常，主动询问、积极安慰她，丫丫摇头说没事，可是心中特别难受，主动走进了学校的心理室，向心理专家求助。

心理专家给丫丫播放了一部美国动画片，情景惹人发笑，一个小时后，丫丫的情绪平和了，话匣子打开了，把心中的秘密讲了出来。心理专家很快全面了解了丫丫的性格、爱好、学习、生活习惯、饮食习惯、身体健康情况、睡眠情况、锻炼身体情况、业余生活情况和同学交往情况，初步认定，丫丫由于生理变化加剧了焦虑心理，引发了轻微的"经期心理紊乱综合征"。

心理专家学认为： 焦虑是一种内心紧张不安，预感到将要发

焦虑心理

生危险、灾难或者不利情况而又难以应付的不快情绪，程度严重时则变成惊恐。一般性的焦虑是正常现象，严重时就是一种心理疾病了，这是因为患者的心理调节能力低造成的，解决此病的最好的办法还是心理疗法。

科学运动，提高身体素质

心理专家针对丫丫把全部的精力都用在学习上，几乎没有休息与锻炼的时间，建议丫丫科学安排学习与生活，注意劳逸结合。同时，专家根据丫丫的身体情况，给丫丫制定了一个科学合理的锻炼计划。每天早上，丫丫早到学校30分钟，在操场上跑20分钟，然后做放松操，调整呼吸；课间要抓紧时间休息，认真做课间操。午饭后，闭目休息20分钟，而后到操场散步20分钟；下午放下学以后，可以先在家睡30分钟，或者在家门口散步30分钟，做一些简单的运动。

心理专家又通过大量的例子，使丫丫明白了锻炼身体与学习并不矛盾，身体健康能让人有好的学习状态，学习效率自然就高了。

20天过去了，丫丫按照心理专家的方法合理安排学习和生活

确实有了效果,丫丫每天紧张的精神逐步地松弛下来了,情绪平稳了,心态也平和了。

妇科专家解释答疑

心理专家请来妇科医生,认真地给丫丫上了一堂月经保健知识课,使丫丫对月经综合征问题有了全面细致的了解。丫丫明白了月经综合征并不是可怕的疾病,多数女性都有,只要正确对待,合理休息,注意饮食卫生,适当锻炼,自然地控制情绪,心态就会平和下来,脾气自然就没有了。同时,妇科医生还根据丫丫的身体状况,给丫丫介绍了几种月经药膳,帮助她稳定情绪。丫丫的妈妈按照妇科医生的要求做药膳,让丫丫每天坚持服用,很快就有了效果。

培养爱好与兴趣

心理专家针对丫丫几乎没有什么业余爱好的问题,建议她要适当培养自己的兴趣,转移情绪,使自己轻松起来。丫丫很喜欢养鱼,心理专家建议丫丫的妈妈买一些观赏鱼,每天让丫丫观赏。

焦虑心理

学习累了、疲倦了、烦恼了，丫丫坐在鱼缸前观察，看金龙鱼和银龙鱼摇头摆尾，看着金龙鱼和银龙鱼吃小鱼的情景，丫丫还不时地喂鱼，和鱼"说话"，这让丫丫感到十分轻松和快乐了。

老同学的力量

心理专家针对丫丫刻苦学习，却忽视了与同学之间的交往问题，私下做了很多同学的工作，建议同学们主动与丫丫交流。由于丫丫经常与同学在一起聊天谈心，不再觉得孤独苦闷了，烦躁的心也放松了许多。

通过与同学们的交谈，丫丫认识到了"学习狂"的危害。于是，丫丫主动向班主任老师提出建议，无论学习多紧张，每周班里要开一次"情趣与艺术沙龙"。

主动交流最重要

心理专家还主动与丫丫的班主任老师交换意见，希望其配合治疗。丫丫的班主任老师很有爱心，科学地调整学习计划，每天给同学们30分钟的自由讨论、交谈时间，经常组织同学们开展

有意义的文体活动。

丫丫主动向同学们的道歉,说以前是自己不能正确对待身体变化带来的情绪波动。现在大家互相理解,关系也越来越融洽了。

通过心理专家的积极干预,丫丫的心理问题消失了,现在每天都能以饱满的精神投入学习之中。令人吃惊的是,当其他女同学遇到类似的情况,她还主动帮助,把一些经期注意事项告诉其他女同学。

心理专家对老师的忠告

老师在教学中要给学生创造轻松的环境,不要制造紧张气氛,在敏感的事情上,要注意保护同学的自尊心。平时要注意观察每个学生,善于发现学生的反常情况,耐心、及时地与学生谈心,及时与家长沟通情况,及时与心理专家保持联系,力争把学生的心理问题解决在萌芽之中。

心理专家对家长的忠告

家长自己不要焦虑,遇到事情要沉着冷静,给孩子树立好榜样。当发现孩子的焦虑问题以后,不要无端地责怪孩子,要及时安慰孩子，鼓励孩子勇敢起来，给孩子创造一个温暖和谐的家庭环境。当发现孩子遇到的困难自己无法解决时，要耐心地与孩子一起面对，最好以朋友的身份协助孩子一起解决问题，一起战胜困难。当发现孩子有心事时，要及时与孩子沟通，了解孩子的内心世界，给孩子一个宣泄的途径。

心理专家对高中生的忠告

高中女生月经综合征问题应该引起重视，如果不科学安排休息、饮食与学习，情绪会受到影响，容易产生不良的心理与生理反应。在经期中，高中女生要特别地呵护自己、关爱自己、劳逸结合、合理膳食、注意适当地锻炼，使自己紧张的情绪逐步放松下来。适当地听听轻音乐，与同学聊天，到户外散步，保持一颗平常的心。当焦虑即将出现时，适时地暗示自己，着急是没有任何意义的。

认真回忆一次成功克服焦虑的过程：
_____
_____

2. 高考前夕，心神不宁，无法正常复习

 情景再现

秀秀今年上高三，学习很紧张，平时被各种考试压到几乎喘不过气来。还有两个月就要高考了，同学们开始冲刺了，可秀秀却一反常态，学习时无精打采，也不在乎考试成绩和排名了。

爸爸和妈妈很关心她，希望她好好学习，集中精力完成最后的高考冲刺。爸爸给她做好吃的，妈妈给她找来名校的复习资料，秀秀不但不领情，还经常和父母争吵，甚至把房门关紧拒绝和父母沟通。

最近父母发现秀秀房间里整夜亮着台灯，也不知道她在里面干什么。为了避免刺激她，父母不敢进她的房间，就站在她的门口催促她赶快睡觉。秀秀不耐烦地说："别监视我，我都18岁了，不用你们管了，我有思想，我有自由……"

秀秀由于休息不好，早饭没有胃口，经常空着肚子去

焦虑心理

上学。在课堂上,秀秀也心神不安,老师讲什么内容听不进去,重要的知识点根本记不下来。

爸爸和妈妈以为秀秀高考前压力大,心情不好,过几天就会没事了,可是一个月过去了,高考进入倒计时,秀秀的情况越来越不对劲了,每天唉声叹气,情绪低落,有几次竟然对爸爸和妈妈说不想参加高考了。

老师也感到秀秀的情况不对劲,主动把学校的心理专家找来帮助秀秀解决问题。

心理专家把自己制作的幽默、诙谐的动画片《鸭子的快乐生活》给秀秀看,30分钟后,秀秀的表情丰富了,情绪也稳定了,主动把心里话讲了出来。原来,进入高考冲刺阶段以后,秀秀感到压力倍增。学校的考试多,为了提高排名,同学们都争分夺秒地学习,班级气氛也很沉闷。父母经常在她面前唠叨,考上好大学将来有出息;只要你高考能成功,要什么给什么;去年妈妈的

陪孩子走过高中三年
——送给亲爱的高中生

同事孩子考上北大了，前年爸爸同事的孩子考上清华了，你要争气，不能给爸爸和妈妈丢脸……

父母的压力让秀秀特别厌烦。秀秀经常暗自想：万一高考失利，怎么面对父母呢？父母的唠叨不停地出现在她的脑海里，秀秀根本平静不下来，因此开始失眠，没有精神，茶饭不思，莫名其妙地不想参加高考了。

心理专家认为：秀秀进入高考冲刺阶段以后，来自各方面的压力大增，由于紧张，心理承受能力弱，自己无法排解，产生了焦虑心理，导致情绪异常，学习、生活无法正常进行，必须科学疏导与教育。

爸爸的录音

心理专家及时找到秀秀的父母，把秀秀的心理情况一五一十地讲了出来，希望父母配合，做好秀秀的安抚工作。爸爸在心理专家的建议下，用录音笔给秀秀录了一段动情的话。心理专家把爸爸的录音放给秀秀听，爸爸说：秀秀爱女，爸爸喜欢你，由于爸爸无意中给了你压力，希望你原谅爸爸。你平时学习努力，爸爸都看在眼里了，任何时候你都是爸爸的好女儿。马上就要高考了，无论你考出什么结果，爸爸都高兴，因为你参与了高考，经历了锻炼。高考结果没有什么，只要你有远大的理想，不会一考定终身。秀秀听了爸爸的录音，哭泣起来，心中的压抑感顿时消失了很多。

妈妈的信

心理专家与秀秀的妈妈交换意见，希望妈妈也要控制自己的情绪，给秀秀创造一个良好的学习环境。妈妈很后悔自己的唠叨，准备去给秀秀道歉，心理专家建议可以用写信的方式交流，避免尴尬的情景发生。妈妈在信中说：秀秀，我的乖女儿，妈妈特别爱你，希望你能原谅妈妈的唠叨。妈妈无意中的唠叨，给你带来了很大的压力，妈妈以后一定会改掉这个毛病。妈妈看着你一天一天长大，心中无比喜悦，因为有你，妈妈才感到生活很幸福，生命有意义。孩子，不要害怕高考，无论什么结果妈妈都能接受，我相信女儿能正常发挥。妈妈期待你放下包袱，以最好的精神状态去迎接高考。

秀秀读完妈妈的信痛哭流涕，积压在心中的怨气也全部释然了，秀秀告诉心理专家，她一定会振奋精神，全力冲刺高考。

班主任老师的鼓励

　　心理专家找到与秀秀的班主任老师，希望班主任老师多鼓励秀秀、理解秀秀、支持秀秀，帮助秀秀战胜焦虑。班主任老师根据学生的学习情况，灵活教学，创造出快乐的、温暖的、轻松的班集体环境。第一，不再进行排名，只是讲普遍存在的问题。第二，开展谈心活动，动员班干部和团干部找同学谈心，交流思想，互相鼓励，互相支持。谈心活动很见效，同学们能轻松地交谈，紧张的气氛一下子就缓和下来了。第三，信心支持，班主任老师利用批改作业的时机，给秀秀写鼓励的话，肯定秀秀是优秀的学生，鼓励秀秀坚强起来，老师相信她。第四，主动家访，老师主动到同学家走访，在秀秀家与秀秀亲切交谈，使秀秀明白了很多道理。其实，高考的结果不能决定人一生的命运，一个人只要有远大的理想，有坚强的毅力，有不服输的精神，就没有实现不了的目标。一个人要战胜困难，最关键的是要战胜自己，充满信心。高考只是人生中的一个小测验，要坦然应对，只要努力了、拼搏了，结果如何都不那么重要。不要嫌弃妈妈唠叨，要换个角度看妈妈的唠叨，要设法把妈妈的唠叨当成冲锋的号角，当成前进的加油站。其实，妈妈的唠叨也是一种爱的体现，要学会焦虑心理

换位思考。

不唠叨的妈妈

心理专家把一份学生档案拿出来，让秀秀看。前几年，有一个高中生，高考前因为妈妈赌博进了监狱，受到打击，放弃高考，后来成了社会上的混混，还因为抢劫也进了监狱。这个高中生的妈妈根本不管孩子，每天抽烟、喝酒、打麻将，孩子高考她都不闻不问，孩子在大人的影响下，辍学了，跟着社会上的坏人学坏了。

秀秀看了这个档案，受到了震动，觉得妈妈的唠叨其实是爱自己的表现。

丰富多彩的课余活动

心理专家建议学校调整高三年级的作息时间，加大课外活动量，学校也意识到了天天满堂灌，天天考试，导致学生压力大，学习效率低的问题了，于是根据高三学生高考冲刺的特点，科学调整时间，大力开展文体活动，秀秀和同学们也增加了活动时

间。秀秀在班主任老师的鼓励下,还代表班级参加了学校举办的辩论会,精妙的辩论语言赢得阵阵掌声。听到同学们的掌声,看到老师慈祥的面孔,秀秀找回了自信。

游泳的乐趣

秀秀的妈妈按照心理专家的指点,利用星期天的时间,专门陪秀秀到附近的游泳馆游泳。小时候,秀秀就喜欢与妈妈游泳,高考在即又能与妈妈一起游泳了,秀秀十分高兴,穿上漂亮的游泳衣,跳进水中,与妈妈有说有笑。秀秀看着妈妈平时少有的微笑,真的很开心。躺在水面上,秀秀回忆小时候和妈妈在一起的点点滴滴,感到妈妈是世界上最好的妈妈,感到自己是最幸福的女孩。

心理专家对老师的忠告

高考是严峻的挑战,学生的压力很大,老师要多鼓励学生,多与学生谈心,倾听学生的心声,减轻高考压力;要根据高考的特点,及时改变教学方法,最好不排名、不公布分数、不制造紧

 焦虑心理

张气氛；要经常组织学生开展文体活动，定期开主题班会，让每个同学都有机会展示自己；要鼓励同学之间开展谈心活动，加深同学间的友谊。

心理专家对家长的忠告

家长千万不要把孩子考试焦虑问题看成是小问题，很多孩子的心理问题，如果不及时得到解决，必然会带到成年，对将来的生活产生负面影响。家长一定要从思想上高度重视孩子的焦虑问题，自己不知道如何解决时，可以向专家请教。科学地讲，高考前期要给孩子减压而不是加压，多让孩子参加户外运动，多让孩子听听音乐，多鼓励孩子参加集体活动，保证孩子充足的睡眠；要注意孩子的饮食，粗细搭配，多吃水果，让孩子在轻松的环境中面对考试。

心理专家对高中生的忠告

高中生要学会自己进行心理调适，可以从以下六点入手。一是不要先想高考结果，要重视眼前的学习过程，自己与自己比，

陪孩子走过高中三年
——送给亲爱的高中生

按部就班地复习。二是要正确地认识焦虑，不被困难吓倒，明白人的一生就是与困难做斗争的过程，生活中如果没有困难，反而是不正常的事情。只有挺起胸膛，勇敢地面对困难，生活才有意义。三是把注意力放在解决问题的办法上，遇到问题着急是没有任何用的，只能增添烦恼，反而不利于问题的解决。只要脚踏实地地去解决问题，随着问题的逐一解决，心理压力就会逐渐减少，焦虑状态也就逐步消失了。四是要及时向家长、老师诉说自己焦虑的心理，把引发焦虑的原因说出来，并得到家长、老师的帮助。五是要学会暗示，遇到着急的问题，用鼓励性的语言暗示自己，可以起到缓解紧张作用。六是要善于运用转移法，多参加集体活动，多参加文艺活动，在活动中可以转移注意力，焦虑会逐渐得到缓解，直至彻底消失。七是把生活调整好，注意休息。

认真回忆一次成功克服焦虑的过程：

_____
_____
_____
_____

攀比与害羞心理

1. 新款手机换不停

情景再现

今年18岁的波波上高三了,学习不怎么认真,对时髦东西却很感兴趣,尤其是对手机更是感兴趣。平时,看见同学有了新款手机就羡慕,自己也要买,一定要超过同学的手机。从上高中到现在,波波一共换了6部手机。前几天,一个同学上学带来一款最新的4G手机,他看到后,心里很痒痒。下课了,同学故意拿着手机在他面前上网,开玩笑说:"波波,怎么样?你的手机落后了吧。哈哈!哈哈……"

听了同学的话,波波顿时感到同学在向他炫耀,觉得低同学一等。放学回家以后,波波躺在沙发上不看书、不复

陪孩子走过高中三年
——送给亲爱的高中生

习、不写作业，皱着眉头，低头不语，妈妈叫他吃饭，他也一副爱搭不理的样子。

第二天是星期六，他没有去学校补课，竟然去了舅舅家和姨妈家，撒谎说要买复习资料，要去上一对一的辅导课，舅舅和姨妈都是生意人，很有钱，平时也很宠爱波波，各给了他5000元，波波高兴地拿着妈妈的钱买了最新款的4G手机，回家摆弄时被妈妈发现了。妈妈吃惊地问波波4G手机是哪里来的，波波吭哧了半天说不出来，妈妈生气了，打了波波几下。波波吼叫着："我就是要买新款手机，我不能让同学们瞧不起。我受不了同学的讽刺挖苦，一定要买。"

妈妈气得大哭了一场，立刻把心理专家请进家，帮助波波解决问题。

心理专家从手机入手，很自然地让波波开了口，吐出了心中的郁闷与烦恼。原来，波波在学校学习不好，同学不愿意与他

玩，也没有几个同学喜欢他，他心中很失落，只好用手机来吸引同学的注意。波波只要发现自己的手机落后了，就觉得没有面子了，一心想买新手机，否则就感到无法在同学间立足了。前几天，看见同学的4G手机以后，心中不是滋味，不敢向妈妈要钱了，只好撒谎向舅舅和姨妈要钱。

心理专家认为：波波受到同学4G手机的刺激，感到没有面子，有了攀比心理，需要系统地进行治疗，否则可能导致严重的人格扭曲，撒谎、懒惰，甚至引发偷盗、抢劫、诈骗等犯罪行为的发生。

引导为主

心理专家没有批评波波，而是说大多数人都有攀比心理，不要紧张和恐慌。有了攀比心理不用大惊小怪，只要冷静下来正确对待，很快就会调整好心态的。

聪明的人，把攀比变成激励自己前进的动力，与同学比学习、比纪律、比文明、比素质，不甘于落后、刻苦学习、勤奋上进，终于实现了自己的愿望，值得人们称赞。愚蠢的人，不顾现实，只是贪图面子，比吃、穿、用，耽误了前程。你现在不专心

学习，把心思用在玩手机上，非常危险了。

心理学认为，有攀比心理和行为的人，不考虑客观实际，盲目追求过高的目标，最后心理会发生扭曲，丧失理智。有一句老话说得好，"人比人气死人"，说明了一个浅显的道理，人与人的追求不一样，所以没有绝对的可比性，真正的比较只有自己与自己比，才能不断地激励自己，使自己永远向上。

几句真诚而富有哲理的话，使波波的情绪稳定了很多，觉得自己确实有点头脑发热。

抢劫犯的下场

心理专家请来了一位退休高中校长来帮助波波。高中校长拿出一篇报道，让波波看。波波看着看着，脑门子出了冷汗。原来，报道的内容是某地的一位18岁高中生，看到同学的新款山地车很好，也要买新山地车，妈妈不给钱，他就夜间去拦截下班女工，在抢劫过程中不小心把女工扎伤了，自己也因此进了监狱。

波波看完后，呆坐在椅子上，静静地思考着，意识到自己的愚蠢行为给父母带来了痛苦，让舅舅和姨妈失去了对自己的信任。

班主任老师的帮助

　　心理专家积极与波波的班主任老师取得联系，把目前波波的攀比心理告诉了老师，希望班主任老师能帮助波波。班主任老师很关心波波，与班干部商量，配合高考，开展了"树理想，比学习、比品德"的主题班队会，同学们纷纷准备发言稿，制作宣传海报。主题班队会上，老师专门请来几位家长和前几年考入名牌大学的师哥、师姐参加活动，大家从不同的角度畅谈学习、理想。一位考进名牌大学的师哥拿出自己已经用了5年的一款老手机，认真地说，我们学生是消费者，生活上应该简朴一点，要体谅父母的辛苦。听了师哥的话，波波受到了很大教育。

图书馆的作用

　　根据波波的性格，在心理专家的建议下，妈妈和爸爸利用休息日带着波波去图书馆看书。波波开始不情愿去图书馆，后来在妈妈和爸爸的反复劝说下，终于去了图书馆。在图书馆里，波波看到从几岁的孩子到白发苍苍的老人都在认真读书，这让波波受到了触动。在父母的坚持下，经过一段时间后，波波也特别愿

陪孩子走过高中三年
——送给亲爱的高中生

意去图书馆了,每到周末还主动邀请爸爸和妈妈去图书馆读书、学习。

通过心理专家的干预和大家共同的努力,波波的兴趣也悄悄发生了变化,不和同学攀比手机了。

心理专家对老师的忠告

老师在教育学生中,要把艰苦奋斗教育、传统教育结合进去,让学生知道现在的生活来之不易;要让学生知道同学之间应该比什么、怎么比,逐渐让学生明白做人的道理,更加理性地规范自己的行为,做一个奋发上进的学生。

心理专家对家长的忠告

家长发现孩子有攀比倾向后,一要及时进行批评教育,帮助孩子树立正确的人生观、价值观,让孩子知道生活的艰辛,更加珍惜现在的生活;二要主动让孩子参与到家庭生活当中,让孩子学会理财,知道挣钱与花钱的关系;三要让孩子有爱心,明白爱是互相的,不能只是以自己的需求为中心;四要培养孩子广泛的兴趣。

攀比与害羞心理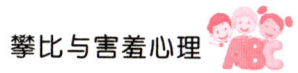

心理专家对高中生的忠告

生活中千万别和同学盲目地较劲。要克服虚荣心理，克服爱面子心理，树立正确的价值观，让自己乐观豁达起来。高中生应该知道自己该干什么，办事情要实事求是，千万不要好高骛远，更不能贪图虚荣，盲目地与别人攀比。生活中要把心态放松，把消极的攀比变为前进的动力。可以在学习和思想上与同学比一比；与同学比爱心，看谁对班集体、对他人有爱心；与同学比思想品德，看谁的思想进步，乐于吃苦奉献；与同学比遵纪守法，看谁是品学兼优的好学生；与同学比孝心，看谁对父母、对长辈孝顺。

认真回忆一次成功克服攀比的过程：

_____
_____
_____
_____
_____

2. 腼腆害羞的大男孩

情景再现

18 岁的刚刚上高三了，个子一米八，看上去很高大健硕，可是也不知道为什么，他见到女同学不敢说话，不敢与女生对视，同学们都叫他"大姑娘"。

一次，老师让他收作业，他只收了男生的作业，女生的作业没有收，老师批评他不负责任，他脸红了起来，不敢抬头看老师。

在学校运动会上，老师让他运送演出服，他抱着演出服走到女生队伍前，扔下衣服就跑走了，害得女生找不到演出服，影响了表演。

一次下学，一个女生的自行车坏在了半路，刚刚恰好经过，女生请求他帮忙，他红着脸猛骑自行车离开了，女生对他很有意见，说他不愿意帮助同学，没有爱心。

团员活动时，开展一对一谈心活动，团支部书记主动与

攀比与害羞心理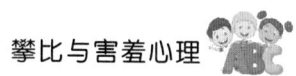

他谈心，就因为团支部书记是女生，把刚刚吓得脸红了起来，以上卫生间为借口偷着跑回家了。

一次，班级组织活动，一个女生被毛毛虫吓得尖叫起来，刚刚正好走过女生身边，不但没有铤身而出反而跑开了。女生告诉老师了，老师找刚刚谈话，刚刚说自己见到女生就心慌、呼吸急促、心跳加快，根本控制不住，对女生产生了"敌意"。

老师感到刚刚的心理问题严重，把学校的心理专家找来，帮助刚刚解决问题。

心理专家看刚刚比较紧张，立刻给刚刚播放了一部美国的幽默动画片，让刚刚欣赏，一个小时以后，刚刚的情绪恢复了正常，主动说出了心里的烦恼。原来，刚刚的父母在家很随意，天天当着刚刚的面接吻、拥抱、调情，甚至过夫妻生活也不避讳刚刚，使用过的避孕套随意扔在废纸篓，妈妈内衣、卫生巾随处乱

丢。父母的行为，使刚刚感到很难为情，觉得与女生说话、交往很无耻下流，所以对女生产生"敌意"，不敢与女生说话。

心理专家认为：刚刚因为父母不注意夫妻生活小节问题，严重刺激了刚刚，使刚刚对女生产生了"敌意"，必须认真进行青春期教育，防止发生严重后果。

交流内心世界

刚刚：我见到女生就想起父母接吻的事情，感到很害羞、很无耻、很下流。

心理专家：你要学会放松，不要总想着父母接吻的事，让脑子平静下来。其实，父母拥抱接吻是正常的情感交流，没有什么无耻下流的，是很正常的事情。你父母能每天拥抱接吻，说明他们感情好，你应该为他们感到高兴。

刚刚：啊，原来是这样啊。可是我一看见女生就全身哆嗦，害怕得要命，怎么办呢？

心理专家：一要立刻暗示自己没有什么可怕的，女生是善良的，不会伤害你，要自然地面对女生，与女生正常交往。二要调整呼吸，反复做深呼吸，自然就稳定了。三要保持眼睛的观察

攀比与害羞心理

角度，可以不与女生对视，但是脸要正，眼睛要自然一些。四要避免单独与女生待在狭小的空间里，可以与同学们一起与女生接触、交谈或通过学习交流与女生接触。

刚刚：我担心女生说我是流氓，说我不正经。

心理专家：你没有做逾矩的事情，女生怎么会说你是流氓呢？这是你的心理作用。女生也愿意与男生交流学习与生活，探讨问题，男生不仅要大方一些，更要主动、积极一点，这样才能消除阴影，自然交往。你要主动改变一下自己，让自己勇敢起来。男女生正常的交流，不要有什么不好意思，更不能与下贱、淫秽、无耻联系在一起。

刚刚：我争取改变一下。

听听女生的心里话

心理专家与几位性格开朗的高三女生交换意见，希望她们说一说她们是怎样看待男生与女生互动和交流的。为了让刚刚真实地了解女生的想法，心理专家把刚刚安排在隔壁房间里，能清楚地听到女生们说话。几个女生热烈地讨论起来，概括起来有五点：一是大方，希望男生大方一点，主动与女生交流思想，谈论

学习。二是自然,平时在一起学习时,越自然越感觉朴素、真诚和纯真,越感到没有隔阂。三是责任,男生要有责任感,在女生遇到困难时,不能像缩头乌龟,要勇敢帮助女生。四是知识,希望男生有知识、有幽默感,恰到好处地与女生相处。五是绅士风度,知道尊重女生,不欺负女生。其中,一个女生还大胆地说,她很喜欢刚刚的样子,觉得刚刚是个特别善良的男生,如果能勇敢一些就更好了,女生们都会喜欢他的。

听了女生的话,刚刚受到了巨大鼓舞,见到女生也不心慌脸红了,觉得女生很可爱、善良,"敌意"也就消失了。

父母的改变

心理专家及时与刚刚的父母交换意见,说出了刚刚目前的心理状态,希望刚刚的父母注意夫妻生活中的隐私,科学地对刚刚进行性教育,因为刚刚到了青春期阶段,有了性意识,如果忽视性教育,可能会导致心灵扭曲。妈妈和爸爸知道了刚刚心理问题的根源以后,感到很内疚,表示以后会注意。一是尊重,在家里,避免刺激行为发生;二是文明,夫妻讲话时使用文明语言,夫妻生活时保证在私密的情况下进行,减少对刚刚的刺激。

攀比与害羞心理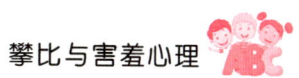

周末,妈妈和爸爸带刚刚一起健身,自然地给刚刚讲青春期知识和男女生交往艺术,消除刚刚对异性的恐惧感。

丰富多彩的集体活动

心理专家及时与刚刚的班主任交换意见,希望班主任老师调整教学计划,多组织开展有意义的集体活动。班主任老师利用重大节日,组织开展各种活动。一是组织合唱队,让男女同学们在一起练习,每次合唱训练都能增进同学之间的友谊,使男女生自然交流,刚刚也因此受到了感染。二是社会实践活动,组织同学们去郊区参观农村建设,体验种地、收割、除草、剪枝、养猪、养鸭、养鸡,让同学们了解农村、了解生活。三是组织学生参观博物馆,为了锻炼刚刚,老师还特意让刚刚负责拍照,制作光盘,目的是让刚刚接触更多的女生。通过一系列的活动,刚刚接触女生时不再害羞了。

读书活动

心理专家建议刚刚和同学们多读英雄人物的书,培养大无畏

的勇敢精神。刚刚买来《钢铁是在怎样炼成的》《雷锋》《将帅的故事》《外国名将谱》《二战风云录》等等,通过阅读感悟到了英雄人物身上特有的品质,明白了做一个优秀人应该具备的品质,逐渐地让自己也勇敢起来了。

表姐的到来

刚刚有一个比他大一岁的表姐,心理专家建议刚刚的妈妈经常带刚刚去表姐家玩,增加刚刚与表姐见面的机会,让刚刚逐步适应与女生交往。刚刚的妈妈利用节假日主动把刚刚的表姐请到家里来玩,或者带刚刚与表姐一起活动,通过与表姐的交往,刚刚对女生不再恐惧了,说话办事也自然了。

标语的激励作用

心理专家建议刚刚写几条标语来激励自己。如:怕羞是没有自信心的表现,一定要克服;没有什么可怕的,我是最勇敢的人;人与人没有什么区别,自然交流、接触;怕羞会失去很多机会……刚刚每天写作业前都要写一两句标语,这深深地鼓舞和激

攀比与害羞心理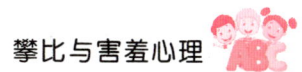

励着刚刚。

经过心理专家的干预和大家的共同努力，刚刚的害羞心理消失了，能和女同学正常交往了。

心理专家对老师的忠告

高中生的思想活跃，心理状态复杂，老师要密切注意，发现学生有了害羞心理后，千万不能讽刺、挖苦、打击，要给学生更多的理解、帮助、关心与爱护，鼓励他们最重要。要创造良好的班集体环境，鼓励同学多交流，不能随意刺激害羞的同学，互相尊重、团结友爱、共同进步。要给学生更多的锻炼机会，让学生自己去实践、去思考，明白勇敢的真正内涵。要主动与学生家长沟通，全面了解学生的情况。

心理专家对家长的忠告

家长要学些心理学知识，全面掌握孩子的心理特点。孩子随着年龄的增长，会对异性产生好奇。特别是处于青春期的孩子对异性更是充满着无限的遐想，没有适时引导就容易出现问题，父

陪孩子走过高中三年
——送给亲爱的高中生

母要高度重视。要密切关注孩子的生理和心理变化，不要认为孩子小，就漠不关心，应该主动与孩子交流，指导孩子锻炼与运动，帮助孩子清除对异性的神秘感。

心理专家对高中生的忠告

要增强自信心，自己激励自己，使自己变得勇敢起来；要多参加集体活动，多与同学交流，培养自己开朗的性格；要主动学习青春期卫生知识，不要胡思乱想，掌握与异性同学相处的技巧；要敢于敞开心扉，遇到想不开的事情，及时对老师和家长说。

认真回忆一次成功克服害羞的过程：
_____
_____
_____
_____
_____

离家出走与迷恋网络

1. 模拟考试成绩不理想该怎么办

情景再现

高考前的"一模"考试成绩出来了，名名考了400多分，上不了三本线。看见成绩不理想，名名心情很郁闷，总感觉自己没有前途了，对不起父母的养育之恩。放学以后，名名独自走出学校大门，一边在大街上游荡，一边胡思乱想。

妈妈和爸爸在家等名名吃饭，左等右等也不见他回家。8点了，仍然听不见名名的敲门声，爸爸立刻去学校找，发现教室里没有人，妈妈打电话问老师，老师说名名放学后就走了。老师也赶到学校帮助寻找，找遍了学校的各个角

陪孩子走过高中三年
——送给亲爱的高中生

落,也没有发现名名的踪影。妈妈和爸爸发动亲戚找,找到后半夜,在一个无人看管的公园里发现了睡在大树边的名名。

回家以后,妈妈和爸爸问名名为什么不回家,名名摇头不说,推开自己的房门睡觉去了。

妈妈担心名名出事,第二天早上,找来心理专家帮助名名。

心理专家通过调查得知,名名喜欢世界军事和美国的NBA,对兵器知识尤其喜欢。心理专家采取兴趣聊天法,以兵器知识为话题,与名名谈得很愉快,30分钟后,名名说出了心中的烦恼。原来,名名特别希望考上军事院校,所以对"一模"成绩很重视,"一模"前下了大功夫,可是成绩不理想,感到高考没有希望了。平时,妈妈也经常说"一模"最重要,是检验学习成绩的重要指标。如果"一模"考不好,考大学就没有什么希望了。学校的"一模"成绩出来以后,看着不理想的分数,名名心里难受,感到无颜见父母了,不想回家,也不想参加高考。

心理专家认为:名名喜欢军事院校,对"一模"成绩很重视,特别是受妈妈的影响很大,对高考没有了信心,不愿意见到妈妈和爸爸了,需要科学引导,全力冲刺高考。

"一模"成绩与高考成绩

心理专家通过班主任老师做工作,找来几个去年高中毕业考上大学的同学与名名交谈,这个大学生也是"一模"成绩不好,通过努力,最后总分竟然比"一模"总分提高了60分,顺利进入了大学。大学生甲说:"'一模'成绩很重要,是检验学习成绩的指标,但是'一模'成绩不是最后的成绩,'一模'距离高考还有一个月的时间,完全可以通过认真学习,科学补一补知识的空白点,成绩会提高很快。"大学生乙说:"不要把'一模'成绩当负担,要当成高考前进的起跑线。'一模'成绩不好不是坏事,因为'一模'是检验学习不足的试验卷,能清楚地知道自己学习的不足,而后有针对性地复习。"大学生丙说:"我'一模'成绩也是400多分,知道是文综和外语丢了分,立刻抓紧时间复习,最后高考时

考了490分，考上了大学。其实，只要自己不放松、不泄气，调整心情，轻松迎接高考，一定能考出理想的成绩。"

名名听了几位师哥、师姐的话，心情好多了，对高考有了信心。

NBA 篮球的启示

心理专家给名名找来乔丹参加 NBA 篮球比赛视频，让他观看。在距离比赛结束还有 0.3 秒时，乔丹的球队落后对方 2 分，比赛的输赢基本定局，观众们已经准备离场，这时乔丹的队友发球，乔丹接到球以后，在三分线外跃身跳起，篮球划出一道美丽的弧线，空心进入篮筐。全场观众沸腾了，人们呼喊着乔丹的名字，向乔丹报以热烈的掌声。

心理专家告诉名名要学习乔丹的这种精神，不到最后时刻，绝对不放弃。现在距离高考还有一个月时间，只要科学复习，查漏补缺，成绩一定能有所提高。

名名看完了乔丹这场篮球比赛，也备受鼓舞，想着乔丹最后时刻顶住巨大压力，以超凡的气度和勇气成功逆袭，他表示也要排除干扰，抓紧时间复习。

离家出走与迷恋网络

分析试卷的重要性

心理专家与名名的妈妈商量,决定请老师帮助名名分析"一模"试卷,老师从试卷中发现了名名存在基础知识掌握不熟练和答题技巧不足的问题,建议名名在这两个关键点上下功夫。名名的妈妈请家教帮助名名"一对一"地解决问题,通过科学制定学习计划,有针对性地补课,名名的成绩迅速提高,"二模"时的成绩有明显提高,名名对自己越来越有信心了。

妈妈的态度

心理专家与名名的妈妈交换意见,希望名名的妈妈注意讲话方式,不要给名名过多的压力,让名名以轻松的心态迎接高考。名名的妈妈也意识到了自己的问题,在家里不再过分谈论高考,给名名创造一个温暖和谐的家庭氛围。同时,妈妈每天给名名做可口的饭菜,在名名学习疲惫时和名名一起外出散步,聊天谈心,名名的情绪逐渐平稳了,学习热情十分高涨。

在心理专家的及时干预和大家共同努力下,名名对自己、对

高考都有了重新的认识。

心理专家对老师的忠告

老师要重视高考前学生每次考试以后的心理变化，发现异常及时与学生谈心，了解学生的内心世界，帮助他们克服困难。要学会给学生减压，在宽松和友好的竞争的环境中谈学习，谈高考。

心理专家对家长的忠告

高考前，孩子的想法多、压力大，家长要体谅孩子，让孩子保持好心情最重要。一是在饮食上给孩子做好服务。二是在学习上给孩子创造良好的环境。三是不要唠叨，更不要暗示孩子。四是督促孩子睡眠，保持充足的睡眠对稳定孩子的情绪很有好处。五是与孩子交流，可以找一些轻松的话题与孩子聊聊天，让孩子感到父母的爱。六是适当锻炼，带孩子一起到户外锻炼，对放松心情很有好处。

离家出走与迷恋网络

心理专家对高中生的忠告

高中生即将进入成年人的行列，要积极锻炼自己，全面提高综合素质，特别是提高心理素质。对于高考前的各类考试要正确对待，从考试中找出不足，有针对性地复习。要学会放松，在轻松愉快的心情下奋力拼搏，争取考出好成绩。要主动与家长、老师交流思想。

认真回忆一次成功克服离家出走的过程：

_____
_____
_____
_____
_____
_____
_____
_____
_____

2."学习"到深夜

 情景再现

　　放暑假了,白天爸爸、妈妈上班,只有上高二的克克一个人在家,天天做作业,他感到很无聊,就上网与人聊天,与一个叫"白猫猫"的人越聊越上瘾,以至于夜间熬夜聊天。

　　深夜,他与"白猫猫"交谈得火热,"白猫猫"说特别喜欢单独与高中男生交心,现在一个人在家,感到特别郁闷。还问克克知道不知道被女孩子喜欢后是什么感觉?与女孩子接过吻吗?与女孩子拥抱过吗?上过床吗?克克被问得目瞪口呆,心中一阵躁动。接着"白猫猫"又问克克是不是处男?同时还给他发来了一张卖弄风骚的照片,留下了联系电话。克克和"白猫猫"约定第二天双方在一家发廊里玩。克克感到一股从来没有的冲动,想着"白猫猫"的刺激语言,带有挑逗的诱惑,决定体验一下。于是,他拿钱出门去了约

离家出走与迷恋网络

定的发廊，在"白猫猫"的调情下，克克第一次发生了性关系。从此，克克对性产生了强烈的欲望，经常去找"白猫猫"，最后得了尿道炎。后来，警察抓住了"白猫猫"。原来"白猫猫"长期从事卖淫活动，专门诱骗高中男生。

克克的姥姥知道此事以后，把单位的一个心理专家请来帮助克克。

心理专家没有批评克克，而是与克克平等地谈心，让克克说出了心中的苦恼。原来，克克的生理发育很快，出现过遗精，对异性很关注，没有人给他讲过这方面的知识，爸爸和妈妈在家过夫妻生活时，也不忌讳他，对他刺激很大。放假了，克克白天独自在家，除了写作业没什么事可干，觉得寂寞无聊，只好在网上寻求刺激。聊天时，被"白猫猫"引诱后，感到很刺激，无法控制……

心理专家认为：克克放暑假以后，一个人在家很孤独，在

网络上受到网友的引诱后,不能自拔,需要批评、教育和引导。

擦亮眼睛,不入圈套

心理专家语重心长地与克克交谈起来,告诉克克很多做人的道理。使克克明白了,高中时期是人生最关键的阶段,一定要珍惜时间,平时要多看有意义的书,加强思想学习,自觉抵制诱惑。在网上不要随意进入管理不严格的聊天室,看到网友的性诱惑语言,不要觉得好玩、刺激、有激情,要马上离开,要时刻擦亮眼睛,坚决不入圈套。

深刻教训要吸取

心理专家把一个报纸上刊登的案例拿出来给克克看。某地的一个女高中生,迷恋网络聊天,被网友的花言巧语迷惑,背着父母约见网友,被网友强奸了。原来,网友是个流氓,经常在网上欺骗女高中生。看完这个案例,克克脑门冒汗,感到后怕。心理专家嘱咐克克,上网时,要学会思考,学会分析问题,提高警惕。一些网友的语言带有挑逗性，甚至采用裸体视频聊天引诱涉世不深的高中生，坚决不与这样的人接触。高中生，年龄还小，身体正处在发育阶段，对性问题要有正确的认识。高中学生一定要加强学习，遵纪守法。

健康上网

心理专家积极联系计算机网络专家，请计算机网络专家帮忙，给克克的电脑上加装必要的阻断设备，自动删除不健康的内容，自动阻断不健康的聊天室，自动报警提示。同时，请计算机网络专家教育克克安全上网，在网上可以查阅学习资料，引导克克把时间用在学习上。专家鼓励克克耐得住寂寞，磨炼意志，树立远大理想，珍惜现在的大好时光，在学习文化知识方面下苦功夫。

认识性病

为了让克克深刻吸取得尿道炎的教训，心理专家请来性病医生讲解性病。性病医生把图表展开，耐心地给克克讲了起来，使

陪孩子走过高中三年
——送给亲爱的高中生

克克全面认识了性病的预防措施和治疗方法。

家长帮忙

心理专家告诉克克遇到青春期性困惑问题时，不要自己乱想，更不能去随意体验，应该主动向家长询问情况，因为家长是最关心孩子的，一旦自己真的有了性欲望，出现了遗精、手淫现象，要及时向家长说明情况，向家长询问青春期知识和性知识，打破对性的神秘感，通过兴趣转移法，克制性欲望。

心理专家与克克的父母交换意见，希望及时关注克克的青春期性教育。克克的父母以前没有对克克进行过青春期性教育，总是回避性这个问题，感到是个大失误。于是，父母主动与学校的卫生老师联系，希望卫生老师帮助教育。卫生老师很重视这件事，经过精心准备，认真细致地对高中学生进行了青春期教育，使同学们明白了很多道理。

丰富业余生活

心理专家建议克克的父母把家庭业余生活安排好，克克的父

离家出走与迷恋网络

母调整工作时间，利用休息日，在不耽误克克学习的前提下，带克克走出家门，感受大自然的神奇。平时，父母利用课余时间，开展有意义的文体活动，让家庭生活变得丰富多彩，使克克不再感到孤独。

心理专家对老师的忠告

老师要适时地教育学生健康上网，不要沉溺于网上聊天、玩游戏，要时刻提高警惕，远离隐藏的杀手。要对学生进行法制教育和健康教育，让学生遵纪守法，学会保护自己。要主动关心学生的思想健康情况，发现问题隐患，及早解决。

心理专家对家长的忠告

要关注孩子的青春期性教育，打破孩子对性的神秘感；要根据孩子的学习情况，开展丰富多彩的文体活动，培养孩子更多的兴趣；要主动与孩子交流思想，了解孩子在想什么，及早帮助孩子解决问题。

陪孩子走过高中三年
——送给亲爱的高中生

心理专家对高中生的忠告

网络是双刃剑，能给人们带来便利，也隐藏着陷阱，要提高警惕千万不要放纵自己。聊天时更不能什么都相信，不能被网友利用。遇到困惑的问题，主动寻求老师、家长的帮助，不能隐瞒，以免导致严重后果。如果在网上遇到引诱之人，可以向警察报告。

认真回忆一次成功克服迷恋网络的过程：

_____
_____
_____
_____
_____
_____
_____

轻生心理

1. 一定要考上名牌大学

 情景再现

还有一个月的时间就高考了,18岁的茗茗拼命了,夜间熬夜学习到两点,早晨五点起床背英语、政治、地理、语文和历史,在学校抓紧一切时间学习,上厕所、走路一直背英语单词。

平时,同学在一起交谈考什么大学时,她认真地说一定要考上名牌大学,这样将来才有出息,妈妈和爸爸脸上才有光。如果考不上名牌大学,就不活了。

妈妈看到茗茗这么刻苦,非常高兴,也经常向茗茗灌输说要考名牌大学,要给妈妈和爸爸争口气的想法。

星期六下午,茗茗去上补习班了,妈妈进茗茗的房间打

陪孩子走过高中三年
——送给亲爱的高中生

扫卫生，在床下意外发现了几包老鼠药，当时就被吓晕了，越想越害怕。晚上，茗茗下学以后，妈妈赶紧问茗茗老鼠药是怎么回事。茗茗咬着牙，进了自己的房间，关上门，一句话也不说。

为了防止发生意外，妈妈主动找来心理专家帮助茗茗。

根据茗茗的情绪，心理专家把茗茗领到自己的家，让茗茗看心理专家饲养的仓鼠、小白鼠、小松鼠和热带鱼，开始茗茗有抵触情绪，不愿意看，后来看见仓鼠、小白鼠在笼子里的表演，觉得很有趣，脸上有了笑容，主动把心里的秘密说了出来。原来，茗茗渴望考上名牌大学，她们学校考上名牌大学的学生都要上光荣榜，都要把学习事迹讲给下一届高三学生，感到很荣耀。妈妈也经常对她说，只有考上名牌大学才让人瞧得起，将来才有出息。班主任老师也经常在班里表扬茗茗，说茗茗是班里学习最刻苦的，是最有可能考上名牌大学的学生，是班里的骄傲……

轻生心理

妈妈的话、老师的话和学校的光荣榜，对她的刺激很大，也让茗茗备感压力，茗茗感到万一考不上名牌大学就无法面对亲人和老师，于是就有了如果考不上名牌大学，就吃老鼠药轻生的念头。

心理专家认为：茗茗在各方面的压力下，有了必须要考上名牌大学的决心，由于担心考不上，无法面对亲人和老师，心理压力巨大，无法宣泄，有了轻生的念头，必须及时疏导和安抚。

妈妈的信

心理专家立刻与茗茗的妈妈交谈，把茗茗的心理情况一五一十地说了出来，建议妈妈要注意讲话方式，千方百计给茗茗减轻压力，不要用名牌大学来绑架茗茗，以免万一高考结束后成绩不理想对茗茗造成巨大的心理伤害。茗茗的妈妈大吃一惊，没想到自己的话给了茗茗这么大的压力和刺激，于是主动给茗茗写了一封信，信的内容如下。

茗茗，妈妈很爱你。从你降生那天起，妈妈看着你一天天长大，为你高兴。因为有了你，妈妈才快乐、才幸福、才感到未来是美好的。妈妈是一名普通工人，虽然没有上过大学，但也很有

成就感，为什么呢？因为有了宝贝女儿——茗茗。茗茗请你原谅妈妈，妈妈因为对你期望很高，所以给你造成了巨大的压力，请你不要往心里去，安心高考，不论高考成绩如何，妈妈都同样爱你。

茗茗看完妈妈的信，哭得像泪人一样，哭完以后，茗茗的心情好多了，感到不是那么压抑了。

学校的倡议书

心理专家主动与学校领导交换意见，希望给准备参加高考的学生们减小压力，营造健康、愉快、积极的高考气氛。学校领导很重视高考减压的事，经过认真调查研究，在高三年级开展了"以平常之心迎接高考"的大讨论。同学们纷纷拟写发言稿，在学校的广播站宣读。高三各班还通过黑板报、宣传栏、标语，从不同的角度表达以积极的心态参与高考的重要性，学生会的同学还写了一份倡议书，内容如下：

高三的同学们，我们即将走向高考的考场，这是检验我们学习成绩的时刻，千万不要带着包袱进考场，更不要带着目标去考试，要以自然的心态进入考场，勇敢地接受检验。我们不应该

轻生心理

有遗憾、不应该有眼泪、更不应该有不切实际的幻想，要脚踏实地，敢于接受挑战，也敢于接受事实，有所为有所不为。其实，良好的素质比高考结果还重要。一位伟大的哲学家说：一个人只要具备了优秀的品质，有了远大的志向，持之以恒地坚持下去，不畏艰险，自己的梦想就一定会实现。祝高三所有同学考出真实的成绩，全体同学为你们加油。

茗茗看着倡议书，情绪平和了许多，不再关注考什么样的大学了，只是专心学习，冲刺高考。

班主任老师的关怀

心理专家主动与茗茗的班主任交换意见，说出了茗茗的心理状况，建议老师多关注茗茗。班主任老师积极接受建议，改变说话方式，不再刻意提到茗茗能考上名牌大学的事了，而是利用批改作业的时机，亲切地给茗茗讲人生的意义、高考的目的、如何面对高考、报考志愿的技巧、如何选择大学专业，让茗茗感到了班主任老师对她的关怀和爱护，知道了成才的途径有很多，思想压力减轻了不少。

陪孩子走过高中三年
——送给亲爱的高中生

心理专家对老师的忠告

高考前是学生心理最复杂的一个阶段，要主动与学生谈心，引导学生正确对待高考，正确对待大学。要密切观察学生的动向，发现学生有了轻生心理以后，要及时制止。要主动关心学生的身心健康，把温暖送到学生面前。要给学生更多的爱，创造温暖的班级环境，让学生感到快乐。要教育学生珍惜生命，因为生命只有一次。要及时减压，正确对待高考。

心理专家对家长的忠告

高考前，家长说话要讲究方式方法，不能刺激孩子，不要给孩子树立不切实际的高考目标。要创造积极的高考气氛，不能制造紧张空气。要多与孩子交流，了解孩子的想法和遇到的困难。要给孩子创造良好的学习环境，要提示孩子注意休息，适当锻炼身体。

心理专家对高中生的忠告

不要把高考想得那么重要，要以平和的心态面对高考。要正

 轻生心理

确对待名牌大学和普通大学，根据自己的实际情况选择大学。要丰富课余生活，让自己充满活力。要多参加班集体活动，多与同学交流，感受同学间的友谊。要敢于向家长、老师说出心中的困惑，要知道生命的重要，明白生命只有一次的道理。要知道高考只是人生的一次经历，人生还有多种选择。

认真回忆一次成功克服轻生的过程：

_____
_____
_____
_____
_____
_____
_____
_____
_____
_____

逆反与随众心理

1. 送医院抢救了两次

高一学生月月，每天放学回家时，都要经过一个自由市场，看见街头小贩的各种小吃觉得很诱人，每次都要吃饱了才回家。一天，他放学吃了几串羊肉串，晚上就开始上吐下泻，发高烧，最后在医院输液才好。医生嘱咐他不要随意吃街头不卫生的小吃了，妈妈也再三叮嘱他要回家吃饭，可他根本不听，依旧吃路边小摊的东西。

一天下午，他放学在路边吃烤鱿鱼，到家以后就开始肚子疼、全身冒冷汗、脸色苍白、呼吸急促，爸爸叫来了120，把他送到医院抢救了一天才脱离危险。爸爸要求他不能随意吃路边摊的食物，还把他身上的钱没收了。月月病好了以后，在放

逆反与随众心理

学的路上,向同学借了10元钱,买了5条烤鱼,吃下后不一会儿,就感到胃里难受、恶心、肚子疼。半夜,他开始发高烧、大汗淋漓、全身抽搐。妈妈发现后又连夜把他送进医院抢救,医生说是食物中毒,很危险,在医院抢救了六天,月月才转危为安。

　　妈妈和爸爸多次劝说,可他仍无动于衷。父母担心他再买街头的零食吃,主动到学校请心理专家帮助解决问题。

　　心理专家采用兴趣法,使月月开了口。原来,月月的父母都爱吃零食,爸爸经常在外面喝啤酒、吃烧烤,妈妈看电视时,嘴也几乎不闲着。他上高中以后,感到妈妈做的饭总是一个味,不爱吃了,学校的中午饭也不好吃,每天放学正好经过自由市场,他就被街头零食诱惑得不能自拔。

　　心理专家认为:月月受父母爱吃零食的影响,不喜欢妈妈和学校的饭菜,对路边摊产生了兴趣,根本听不进妈妈和爸爸的

话，逆反心理严重，需要科学教育和引导。

认识食物中毒

心理专家把学校的卫生老师请来，卫生老师结合图表，认真地给月月讲解有关食物中毒的知识，使月月明白了很多健康知识，平时吃东西不注意卫生，就可能引起中毒。食物中毒可以分为四类：细菌性食物中毒、有毒动植物食物中毒、化学性食物中毒、真菌毒素和霉变食物中毒。细菌性食物中毒是食物中毒中最常见的一类。

引起食物中毒的原因有以下几个：一是有毒动植物毒性非常大，绝对不能吃，误食或吃法不科学就会中毒。如河豚、毒蕈、木薯、发芽的马铃薯。二是食物被污染，一些食物一旦被病原微生物污染，很容易腐败变质，而食物本身又是病原微生物、细菌最好的生长"家园"。根据医学试验，在炎热的夏天，一个细菌一天就可以裂变成亿万个。如果食物消毒不彻底，本身就成了细菌的滋生地，产生大量毒素，食入后就会中毒。三是加工、屠宰、储存不当，引起食物本身变质，产生了毒素，食入后也会造成中毒。

逆反与随众心理

食物中毒后，一般有以下特点：一是潜伏期短，进食数十分钟后即可发病。二是来势凶猛，病情急重。轻者是腹部不适，绞痛、恶心、呕吐、全身无力、头昏、头痛、腹泻等。严重者畏寒、高热、大汗淋漓、抽搐、呼吸困难、昏迷，直至意识丧失，如果抢救不及时还会死亡。

食物中毒的预防及应对办法：一是认真对待，不能马虎。确实把住"病从口入"这一关，不随意吃无照经营摊点的东西。二是防止"二次污染"，积极预防。对于食物的保存要讲究科学，注意低温与密闭。家里的冰箱也不是保险箱，不能麻痹大意。三是加工、屠宰要注意卫生，制作要按照消毒的标准加工，不要生吃或者吃没有熟透的食物。四是感到身体有异常反应，要马上向家长或老师说明情况，千万不要隐瞒实际情况，火速去医院就医，不能耽搁。去医院前，最好带一些呕吐物，以做化验用。

惨痛教训

心理专家把月月带到医院急诊科，一位急诊医来给月月讲了一个惨痛的事例。一个高三学生，妈妈多次叮嘱他不能吃街头的

陪孩子走过高中三年
——送给亲爱的高中生

无卫生许可证的烧烤,他不听妈妈的话,认为妈妈在吓唬他。一天下午,他背着妈妈在街头吃了不卫生的烤肉,导致食物中毒,夜间发高烧、大汗淋漓、呼吸困难、全身抽搐,在医院抢救了一天,最终还是离开了人世。

听了这个事例,月月心中受到了极大的震动,感到很后悔。

了解街头小贩

心理专家与卫生监督部门联系,在一次检查街头小贩的过程中,让月月亲眼看一看街头无营业执照、无卫生许可证、无健康证的小贩是怎么制作食物的。在查获的半成品中,发现羊肉串、鱿鱼串、对虾都有异味了,麻辣烫的汤上面漂浮着一层不知道用了多少次的油,苍蝇在食品上乱飞,一些半成品就放在脏兮兮的塑料袋子里,调料里有很多赃物,小贩的手很脏,衣服上全是油,也不带口罩,唾沫乱飞,使用的钎子到处都是,也不清洗干净就继续使用,使用的盘子、碗、筷子只是在一个脏盆子里随意洗几下,根本起不到消毒的作用。

月月亲眼看了街头无卫生许可证的小贩们加工的食品以后,心中感到很恶心,表示再也不去吃了。

逆反与随众心理

显微镜下看仔细

心理专家把月月带到医院的化验室,让化验医生把一串从街头烧烤摊上买来的无卫生许可证的"铁板烧"进行化验,结果显示细菌数量很多。通过电子显微镜观察,发现了一些蠕动的病毒和小虫子,十分可怕。月月看着蠕动的小虫子,吓得满头冒汗,几次想呕吐,对街头小贩的食品产生了厌恶感。

爸爸和妈妈的改变

心理专家主动与月月的父母交换意见,希望妈妈也少吃零食,提高厨艺,让月月吃好三餐,不再想着街头的烧烤了。同时,建议月月的爸爸也不要在月月面前说吃烧烤、喝啤酒的话了。月月的妈妈买来食谱认真学习烧菜的技术,月月吃饭感到特别香甜。爸爸平时说话很注意了,再也不当着月月的面说吃烧烤的事了。父母还主动调整时间,利用节假日与月月一起锻炼,增进了父子感情。

通过心理专家的积极干预和大家的共同努力,月月现在已经不再吃街头烧烤了。

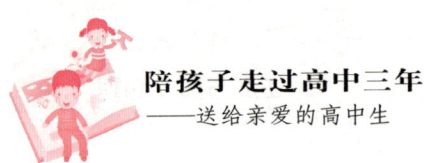

心理专家对老师的忠告

高中学生的逆反心理比较严重,需要耐心地做工作,通过人生观教育、感恩教育和法制教育,让学生明白事理,学会做人与做事,知道父母的爱。平时要主动与学生家长联系,了解学生生活状况,把问题解决在萌芽之中。

心理专家对家长的忠告

对于逆反严重的孩子,千万不要急躁,更不能简单粗暴地教育孩子,要耐心地给孩子讲道理,帮助孩子解决思想问题。发现孩子有不健康的饮食以后,要认真给孩子讲解卫生保健知识,克服不良的饮食习惯。认真分析逆反的原因,可以请专家帮助解决。

心理专家对高中生的忠告

千万不要自以为是,一定要多听家长和老师的意见,不要我行我素,以免导致严重后果。发现自己逆反严重后,要加

逆反与随众心理

强学习，提高认识水平，善于换位思考，要理解父母，知道感恩。

认真回忆一次成功克服逆反的过程：

2. 转发无聊信息惹是非

辛辛今年上高一，就喜欢摆弄手机，微信发个不停，经常还给同学转发无聊的内容。一天，他给一个女同学发了一条信息，内容是：必须转发此条信息，否则有血光之灾……

过了几天，又有一个女生家长找到老师，说他们家孩子也收到了辛辛发的短信，内容也是"必须转发此条信息，否则有血光之灾……"老师立刻找到辛辛询问情况，辛辛吞吞吐吐地不敢说，为了不伤害辛辛的自尊心，老师找心理专家来帮助辛辛。

心理专家没有直接批评辛辛，而是与辛辛谈起了电报的发

明、无线电的发明、电话的发明和手机的发明，让辛辛大开眼界，很佩服心理专家，主动说出了心里秘密。原来，前几天，辛辛先后收到了几个关系密切的同学的短信，同学们要求他转发短信内容，他听说同学都转发了，就给班里的几个女生转发了，没有想到把女生给吓住了。

心理专家认为：辛辛没有主见，不会思考问题，有了随众心理，需要认真教育和引导。

认识随众心理

心理专家耐心给辛辛讲解心理学知识，使辛辛明白了很多道理。知道了随众心理就是跟着感觉走，当群体意识或行为表现出来以后，不假加思索，不计后果，盲目地服从于群体的一种心理与行为。这样的人往往是没有自己的原则与立场，没有自己的行为准则，没有自己的独到见解，容易被人利用或跟着别人犯错误。随众心理有两面性，好的一面是如果群体意识和行为是正确的、积极的、向上的、正义的，就应该随众，而且越积极主动。如果群体意识和行为是错误的、消极的、违法的、损人损德的，就应该坚决远离，不能犹豫。

陪孩子走过高中三年
——送给亲爱的高中生

球场的流血事件

心理专家把辛辛带到一个足球场,听一位管理人员说起一件事。去年的一天,几十个高中生在此地踢足球,双方因为误会发生了口角,最后导致混战。一个看热闹的高中生在同学的招呼下,加入了混战人群,被对方的砖头砸中头部,成了植物人,现在还躺在医院呢。为了加深印象,心理专家把辛辛带到医院,隔着窗户看着躺在病床上成了植物人的高中生,看着他身边面容憔悴的妈妈,辛辛受到了极大的震撼,感到危险的随众行为很可怕。

正确的做法

心理专家语重心长地教育辛辛,提出了几条建议。一是要果断拒绝。收到类似的短信后,马上拒绝,迅速删除,万事皆无,不要心存好奇,麻痹大意。二是意志坚定,避免上当受骗。一旦打开了类似的短信后,无论什么内容也不要相信,不被其内容诱惑。特别需要注意的是,如果内容是带有煽动性、恐怖性、迷信色彩的话,更要提高警惕,要有法律意识,不但自己不上当,还要及时报警,为社会消除隐患。三是学会思考、自觉抵制。你转发类似的短信,其实就是参与了传播活动,万一是反动内容,带

逆反与随众心理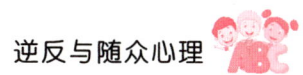

有邪教组织色彩的内容，带有引发社会骚乱的内容或者你也就跟着犯了法，后悔都来不及。

警告语言的作用

心理专家与辛辛一起写了几条警告语，张贴在卧室里。内容是：不盲目随众；要学会思考；要有主见……

每天上下学时，辛辛反复看几遍，很有警告效果。

通过心理专家的积极干预，辛辛认识到随众心理和行为的危害，明白了什么事情可以"随大流"，什么事情不可以"随大流"，辛辛再也不随意转发短信了。

心理专家对老师的忠告

对于积极的、有益的随众心理与行为应该鼓励和提倡，引导学生参与进来，调动学生的积极性。对于消极、盲目随众的学生要及时说服教育，讲清利害，不人云亦云，不盲目跟从。

心理专家对家长的忠告

教育孩子要讲究方法，宽严适度。要教孩子做人，又要教孩

陪孩子走过高中三年
——送给亲爱的高中生

子做事，尽早让孩子学会独立思考，有自己的想法和做事准则。要对孩子进行法制教育，树立法制观念，让孩子遵纪守法。

心理专家对高中生的忠告

遇到带有迷信色彩的信息后，要谨慎对待，考虑问题要全面，不只要考虑自己，还要考虑别人，更要考虑后果。平时，一定要把精力用在学习上，提高认知能力和辨别能力。要始终坚持正确的观点，分清是非，不为外部因素而动，更不屈服于他人，要有自己的行为准则。

认真回忆一次成功克服随众行为的过程：

_____
_____
_____
_____
_____
_____
_____

侥幸与虚荣心理

1. 抽烟危害大

情景再现

强强上高二了,因为模仿电视中的人物,学会了吸烟。妈妈和爸爸每天忙工作,不知道他会抽烟。强强说抽烟也出不了什么事,爸爸抽得更凶,一天两包烟。强强在学校还跑到卫生间里抽烟。

一天,强强到同学家下载歌曲,看到同学的家长不在家,他拿出香烟,才抽了几口,突然同学的妈妈回家了,强强害怕被同学妈妈发现,慌乱中把没有熄灭的烟扔到同学的床下面,然后与同学出门了。没有熄灭的烟,引燃了床下的杂物,造成了同学家失火,损失严重。强强的父母因此赔偿了很多钱,还狠狠地打了他一顿,要求他以后不能再吸烟了。

陪孩子走过高中三年
——送给亲爱的高中生

几天以后，强强悄悄地买了香烟，跑到附近公园里抽烟。刚抽了几口，看见邻居在公园散步，急忙把香烟扔进了干草丛里，干草被点着了，公园管理人员通知了强强的家长。

父母决定找心理专家帮助强强。

心理专家以烟为话题，与强强交谈起来，强强的话匣子彻底打开了。原来，强强开始不敢吸烟，担心父母责备，老师批评，后来他发现父母生意忙，顾不上管他，老师也不会知道，就大胆地抽了起来。

心理专家认为：强强几次抽烟没有被家长发现，有了侥幸心理，需要及时教育和引导。

认识吸烟的危害

心理专家把强强带到医院呼吸科，请医生给强强讲解吸烟的

侥幸与虚荣心理

危害。医生把吸烟的挂图打开，拿出一些被烟熏黑的肺部照片，认真地讲了起来。根据试验，烟草燃烧后，可以释放出20多种有害气体，其中尼古丁是毒杀生命的罪魁祸首，尼古丁能阻止人体对维生素C的吸收，人如果长期缺乏维生素C，就会得败血症。香烟还会刺激呼吸道、消化道、肺等各个人体器官，容易引发咽炎、气管炎、肺炎，甚至肺癌。吸烟可以把牙齿染黄，使牙齿生锈，容易引发牙龈感染。高中生吸烟对身体危害更大，吸烟对脑神经发育有抑制作用，容易使记忆力减退。所以，为了自己与他人的身体健康，千万不要吸烟。

强强看着被烟熏黑的肺，感到很可怕，表示不再抽烟了。

法纪教育

心理专家把强强带到消防中队，请消防战士给强强讲吸烟与火灾，吸烟与犯罪，吸烟与家庭灾难的事例。消防战士拿出数十张惨不忍睹的照片，这些都是因为一支香烟引起的灾难，强强认真地看，表情变得十分严肃。

其一：一个厂房被烧成了黑灰，几个人被烧死了。

其二：一片森林被烧毁，很多动物被烧死在里面。

其三：一栋住宅楼着火了，几个人被火困在里面。起火的原因是因为一支香烟。

其四：一座加油站爆炸，多辆汽车被烧毁。

其五：一间卧室起火，主人被烧死。

其六：一个歌舞厅着火，几个人无情地被烧死。

……

看着一张张惨不忍睹的照片，强强明白了吸烟带来的隐患。有人在禁止吸烟处吸烟，不考虑后果，很随意地把没有熄灭的烟头扔掉，最后引爆了易燃物品，造成火灾。

戒烟的方法

心理专家告诉强强，戒烟不难，关键看决心和意志力，比较见效的方法是厌恶疗法。当自己想抽烟时，或看到同学递来的香烟时，脑海里就浮现出烟头引发火灾的情景，双肺被熏黑的情景，肺癌患者躺在病床上呻吟的情景。看到香烟，就立刻想到肺是黑的，牙齿是黄的，气管是堵塞的可怕景象，从心里对香烟产生厌恶感。

侥幸与虚荣心理

爸爸下决心戒掉香烟

心理专家与强强的爸爸交换意见，建议给强强树立榜样，学着戒烟或者不在强强面前吸烟。强强的爸爸也知道吸烟的危害性，就按照心理专家的戒烟计划，开始了戒烟。强强看见爸爸戒烟的决心和行动，受到了鼓舞，表示和爸爸比赛戒烟。

警示语的效果

心理专家与强强一起写了几句警告语，内容是：抽烟降低记忆力；抽烟损伤脑神经；抽烟诱发肺癌；抽烟容易导致火灾……

警示语分别张贴在窗台上、写字台上、床头上和铅笔盒里，每天看几遍，很有警示作用。

经过心理专家的积极干预，强强明白了吸烟的危害性，再也不抽烟了。

心理专家对老师的忠告

要了解高中生的心理特点，教育学生诚实做人，不要把小聪

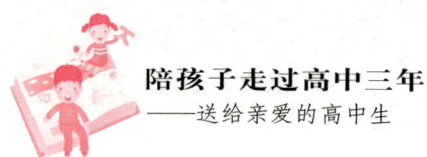

陪孩子走过高中三年
——送给亲爱的高中生

明用在邪门歪道上，耽误了学习，耽误了大好年华。要经常用典型事例教育学生。

心理专家对家长的忠告

家长要以身作则，给孩子做好榜样。要关注孩子的心理健康，主动与孩子沟通，了解孩子想什么、做什么，把事情解决在萌芽之中。要经常对孩子进行法制教育，让孩子树立法制观念。

心理专家对高中生的忠告

要严格要求自己，不犯自由主义；要明辨是非，知道什么可以干，什么不可以干；要把心思放在学习上，不要想着邪门歪道的事；要主动把心里的困惑告诉老师和家长。

认真回忆一次成功克服侥幸心理的过程：

_____

_____

2. 花高价模仿歌星签名

 情景再现

　　刚刚上高一的小娟，特别喜欢明星，经常在同学面前说自己的亲戚是演员、是歌手、是运动员，让同学羡慕不已。

　　一天，同学拿着一个歌星的签名来到学校，她看见以后，对同学说这个明星她认识，过几天也可以要来签名，还可以帮同学也要来签名。几天以后，同学问她明星的签字要来了吗？她说过几天明星要来她家，一定能要到签名。几天过去了，同学又向她要签名，她说星期天能签好。星期天的上午，她悄悄地拿出100元压岁钱，到过街天桥下面找了一个写艺术字的人，让他模仿明星签名，星期一小娟把"明星签名"交给了同学，同学羡慕她有本事。

　　一天，一个演出公司带演员在电视台做节目，同学们都很喜欢其中的一个歌星。她听说以后，就对同学说明星是她的远房亲戚，一定能要到签名。小娟为此在电视台门口等

105

陪孩子走过高中三年
——送给亲爱的高中生

歌星签字,直到晚上也没有等着,只好又花高价请写艺术字的人模仿明星的签名。第二天,小娟把签名拿到同学面前显摆,同学们很羡慕,她感到特别满足。晚上,同学来她家玩,问她妈妈怎么有这么多的明星亲戚,小娟的妈妈莫名其妙,说自己家没有明星亲戚,也没有与明星的合影,同学走了以后,妈妈问小娟情况,小娟红着脸什么也不说。

妈妈想不明白小娟为什么撒谎,主动找来心理专家帮助。

心理专家为小娟播放了几首古典民乐,随着音乐的起伏,小娟开始兴奋了,主动打开了话匣子。原来,小娟长得不怎么漂亮,学习也不怎么好,很希望得到同学的注意。她知道同学喜欢谈论明星,就故意把明星说成是自己家的亲戚,甚至花高价模拟明星签名,以此得到同学们的羡慕。

心理专家认为: 为了得到同学的羡慕,为了提高自己的关注度,为了满足自己的心理需要,小娟有了虚荣心理,需要认真教育和引导。

侥幸与虚荣心理

认识虚荣的危害

心理专家耐心地与小娟交谈起来,使小娟认识到了什么是虚荣,有什么危害。虚荣心理和行为就是人们常说的"爱面子",也可以说是"死要面子活受罪"。具体地讲就是,为了维护自己的荣誉、地位、名声或得到别人注意和重视,故意夸大事实或编造理由,提高自己,扭曲事物的本来面目,以满足心理上的需求。虚荣心理和行为,容易扭曲人格,使人虚假,失去朋友的信任。虚荣心严重的人,可能会出现撒谎、逞能、嫉妒,甚至会铤而走险、失去理智、违法乱纪。高中生一定要克服虚荣心,让自己的心平静下来,诚实做人,才能健康成长。

惨痛教训

心理专家把笔记本电脑打开,给小娟播放了两个法制宣传片。

一个高中生,贪图虚荣,心灵严重扭曲,为了引起同学注意,竟然为了买一个新款手机去抢劫,失手把人扎成重伤,受到了法律制裁。他的家庭也因此陷入了无限的悲痛之中。法庭上,

高中生痛哭着说:"都是虚荣害了我,我怎么变成这样了呢?这还是我吗?我……"

另外一个高中生,与同学争论体育赛事,为了占上风,竟然恼羞成怒,动手打同学。同学反击,失手把他的眼睛打伤了,视力严重下降,对以后的学习、工作和生活影响很大。躺在病床上的高中生,痛苦地说:"为了面子,我怎么竟然失去理智了呢?太愚蠢了……"

小娟看完了两个片子,内心受到了震动,感到虚荣太可怕了。

班主任老师的工作

心理专家与小娟的班主任老师交换意见,希望班主任老师开展一些有意义的活动,教育小娟学会做人。小娟的班主任老师很有爱心,为了建立积极向上的班集体环境,班主任老师规定每周的周五下午最后一节课,开展主题讨论会,如:友谊是什么,真诚的重要性,我长大了,理想是什么,学习的目的……

每次讨论会前,老师都主动找小娟,鼓励小娟,认真准备发言稿,大胆谈认识、谈体会,展示自己的才能。小娟受到老师

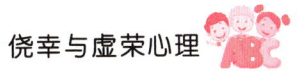
侥幸与虚荣心理

的鼓励后,感到责任重大,自觉地看书,认真拟写发言稿,发言时的观点深刻、主题突出、有新意,很受同学们的欢迎。通过自己发言和听同学们的发言,小娟受到了深刻的教育,思想很快转变了。

开展读书活动

心理专家与小娟的妈妈交换意见,希望引导小娟多读书,从书中学到做人的道理,提高心理素质,提高认知能力,克服虚荣心理。小娟的妈妈认识到以前忽视对小娟这方面的教育,按照心理专家的建议,带小娟去书店买来了许多有意义的书。每天晚上妈妈与小娟一起读书,而后谈论读书体会,讨论一两个话题。小娟逐渐地会思考问题了,也注重实际了,明白了自然、真实、坦荡才是做人的根本,不再盲目追求不切实际的事情了。

动漫的效果

心理专家制作了两个动画片,第一个是《爱面子的兔子》。

陪孩子走过高中三年
——送给亲爱的高中生

内容是：两只兔子在草地里吃草，突然一只雄鹰俯冲下来，一只兔子吓得全身哆嗦，立刻跑进洞，藏了起来。百灵鸟在树上笑着说："兔子胆子真小……"另外一只兔子，为了争强好胜，竟然说自己不怕老鹰，继续在草地上吃草，被老鹰叼上天，凄惨地说："面子害了我……"

第二个片子是《乌龟的翅膀》。内容是：原来乌龟是有翅膀的，但是不能飞得很高，只能像鸽子一样飞。一天，乌龟发现一只老鹰在天空翱翔，很不服气，拼命往上飞，想超过老鹰的高度，最终筋疲力尽摔了下来，翅膀折断了，成了乌龟壳子，再也长不出翅膀了。乌龟害怕被动物们嘲笑，一天到晚地把头缩进壳子里。画外音：我为什么要去追求不切实际的高度呢？都是面子、荣誉、地位、虚荣……

看完这两个动画片，小娟深受触动，羞愧地低下了头。

激励语言的效果

心理专家引导小娟每天写一句激励语，持之以恒地坚持下去。每天写作业前，小娟想好一句话，写在日记本里。如：虚荣害死人，远离虚荣；人要务实，自然的状态最幸福；没有谁会笑

侥幸与虚荣心理

话诚实的人；诚实永远是美德；做老实人，说老实话，办老实事；一个朴素、坦荡的人，是没有敌人的……

经过心理专家积极干预和大家共同努力，小娟认识到了自己虚荣的问题。

心理专家对老师的忠告

高中生的心理问题很复杂，老师要把"诚实"二字贯穿在教育全过程中，让学生知道诚实是美德，自然最真实，一是一，二是二，做真实的自己。教育学生要坦然地面对任何问题，不要为名誉和地位所困扰。

心理专家对家长的忠告

家长要经常教育孩子虚荣的危害，不要贪图虚无缥缈的东西，做一个真实的孩子。家长自己要诚实，不爱虚荣，给孩子做个好榜样。要经常带孩子进行社会实践，让孩子多了解社会。要引导孩子读书，提高思想认识水平，明辨是非。

陪孩子走过高中三年
——送给亲爱的高中生

心理专家对高中生的忠告

要正确认识虚荣心的危害，分清自尊与虚荣的本质区别，不要强词夺理，更不能把虚荣当自尊。

认真回忆一次成功克服虚荣心理的过程：

_____
_____
_____
_____
_____
_____
_____
_____
_____
_____

心胸狭窄与暗恋心理

1. 老师无意中的一句批评

 情景再现

晚上10点了,高二(5)班的永永还没有回家,爸爸、妈妈着急了,到学校找人,可是学校早已经关门了。妈妈和爸爸动员全家的亲戚四处找永永,两个小时过去了,还是没有找到。到了半夜1点钟,妈妈在家门口的一个菜市场的角落里发现了疲惫不堪的永永睡在盖菜的篷布下。妈妈把永永喊醒,问为什么睡在这里,永永一声不吭,很难过的样子。

第二天早上,永永说不想上学了,妈妈强拉硬拽地把永永带到学校,担心发生意外,请求学校的心理专家帮助。

陪孩子走过高中三年
——送给亲爱的高中生

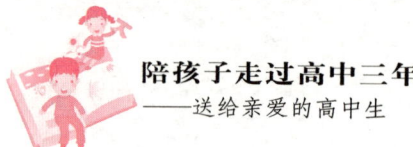

心理导航

　　心理专家看永永的情绪不对，没有直接问话，而是带永永去学校附近的一个公园里爬山，经过一个小时的爬山运动，永永全身出汗，回到学校的心理室以后，情绪好多了，感到全身轻松，哭着诉说了心中的委屈。原来，昨天上午，他在老师的示范课上没有答对一个很简单的问题，下课后，老师笑着说他太笨了，简单的问题都回答不上来，将来没有什么大出息。他觉得自己的自尊心受到了伤害，心中特别委屈，感到上学没有什么意思了，也没有脸回家了。于是，放学以后，他在家门口的菜市场周围转悠，最后实在坚持不住就在篷布下睡着了。

　　心理专家认为：老师无意中说的话刺激了心胸狭窄的永永，永永觉得心里委屈、烦恼、郁闷，无处宣泄，需要认真疏导和教育。

认识心胸狭窄的危害

　　心理专家给永永冲了一包咖啡，打开幻灯片，给永永讲了心胸狭窄的危害与后果，使永永知道了心胸狭窄就是人们经常说的

心胸狭窄与暗恋心理

"小心眼"，往往是气度不够、多疑、敏感、钻牛角尖、不宽容、不阳光、不谦虚、不容人。心胸狭窄的人容易失去心理平衡，郁郁寡欢、斤斤计较，造成一种极度痛苦的心境，还会破坏团结，引起同学关系紧张，严重影响个人生活和学习。如果不及时克服心胸狭窄的问题，任其发展下去，可能会出现报复伤人，甚至触犯法律，也可能导致心理和精神疾病发生。

动画片的启示

心理专家把自己创作的动画片《黑马的挣扎》给永永播放，内容是：动物运动会上，100米赛跑，黑马没有跑过豹子，看着豹子在领奖台上领奖，非常生气，独自跑到河边哭泣。河里的鳄鱼听见黑马的哭声，悄悄地从水中游来，猛然跳出水面，把黑马吞进肚子。鳄鱼嘴边，黑马的四条腿在乱挣扎，很凄惨。画外音：没有气度，心胸狭窄的结果……

永永看完了这个动画片，感到很羞愧。

指出错误

心理专家耐心地与永永讲道理，指出他存在的问题有四

陪孩子走过高中三年
——送给亲爱的高中生

个。一是心胸狭窄，过于敏感，斤斤计较老师无意中说的一句话，郁闷聚积，自尊心受到伤害以后，没有及时与老师沟通，郁闷加剧；二是没有安全意识，行为极端，个性太强，放学以后不回家，在外面转悠，埋下了安全隐患；三是太自私，只考虑自己的心理感受，没有考虑不回家以后，家长的心情是什么样子；四是不主动交流，没有把心中的苦闷及时告诉家长和老师。

永永完全接受心理专家的批评，感到自己计较老师的批评，下学赌气不回家，太危险了。永永红着脸问心理专家应该怎么办？

积极的做法

心理专家语重心长地说，正确做法是：第一，及时与老师交换意见。老师批评你时，如果使用了侮辱性的语言，是老师的不对。你心里难受时，一定要找个适当的机会与老师交换意见，把对老师的意见讲出来，希望老师以后注意师德，不使用侮辱性的语言批评人。如果觉得不好直接与老师谈，可以给老师写建议信。如果发现效果不明显，可以直接找校长谈，希望校长与老师交涉。第二，及时向亲近之人倾诉。被老师伤害了自尊心以后，心胸狭窄与暗恋心理

不要把郁闷憋在心里,这样会使你无法承受。可以向亲近的人诉说烦恼,平静下来以后,你的心情就会感到轻松了。对于老师苛刻的批评,不要太在意,更不要背上沉重的思想包袱。其实,老师的批评本意也是为学生好。第三,及时改变现状。要分析老师批评自己的原因,从自身找原因。找到问题以后,可以和老师及时沟通。

老师的转变

心理专家及时找到永永的老师,希望老师认真与永永交换意见,消除误会。老师知道永永的自尊心被伤害后,主动找永永交谈,首先说明自己是无意中说的,没有贬低他的意思。老师说由于平时很喜欢永永,说话就随意了,其实是没有把永永当外人。老师真诚地道歉,表示以后说话会注意,一定会尊重同学。专家建议定期交谈,希望永永每个星期找老师交谈,说说心里话,把烦恼和痛苦主动讲出来,不要拘束。

在以后的日子里,老师适当地叫永永发言,恰如其分地表扬永永,还利用批改作业的机会,给永永写很多做人的话,鼓励永永刻苦学习,谦虚向上,宽容为人。

陪孩子走过高中三年
——送给亲爱的高中生

张贴标语

心理专家给永永写了几句激励的话，贴在永永的卧室和写字台上。内容是：克服心胸狭窄，气度大一点；大度能得到大爱；宽容最重要……

永永每天看好几遍，有时还读出声音来，激励效果很好。

经过心理专家的干预和大家的努力，永永的气度大了，不再爱胡思乱想了。

心理专家对老师的忠告

教学中，老师要积极培养学生们大度的气量，积极创造宽松、大度、积极、健康、互谅的班集体环境，使学生受到感染和熏陶。要引导学生善于思考，学会忍让和谦虚，知道什么是好、什么是坏。要教育学生学会换位思考，不能偏激，更不能把人和事往坏处想。

心理专家对家长的忠告

家长自己的心胸要宽广，不能小肚鸡肠，更不能斤斤计较，

心胸狭窄与暗恋心理

要给孩子做大度、宽容、理解人的好榜样。要主动与孩子交流思想，发现问题及时解决、纠正。要多鼓励孩子读书，从其他人身上学做人的道理，潜移默化地影响孩子。

心理专家对高中生的忠告

老师亲如父母，对待老师的批评与指责，要本着诚恳与感谢的态度去接受，不能把问题想歪，也不要对某个字眼太较真，如果能换一个角度考虑问题，兴许你还要感谢老师呢。要克服自我防卫意识过强的心理，不要随意怀疑人和事。要多与人交流，主动了解情况，全面、正确地看待事物。

认真回忆一次成功克服心胸狭窄的过程：

_____
_____
_____
_____
_____

2. 迷恋年轻的班主任老师

情景再现

年轻的女班主任老师最近总感到身边有一个影子，心里像打鼓一样，七上八下地安静不下来。一天晚上，她上卫生间，忽然感到又有一个人鬼鬼祟祟地跟在她后面，躲在门口向里窥视，吓得她赶快呼喊，保卫部门的人及时赶到，拦住了这个尾随之人。大家吃了一惊，原来这个人是女班主任老师的学生强强，还是班干部呢。女班主任老师根本不相信这是真的，为了保护强强的隐私，女班主任老师与保卫部门的人商量，不要叫家长来，先找学校的心理专家，帮助了解一下情况。

心理导航

心理专家没有批评强强，而是与强强自然地聊天，让强强逐

心胸狭窄与暗恋心理

渐放松下来，强强也就主动说出了心里秘密。原来，强强今年18岁了，刚上高三，一米七的个子，长得很帅，学习也很好，同学与老师都很喜欢他。他的家庭很冷漠，妈妈和爸爸只顾自己，根本不关心他，他感到很冷漠、很孤独。所以，平时他特别爱单独与年轻的女班主任老师谈话，把内心的苦恼向老师倾诉。年轻的女班主任老师给了他很多关爱，强强逐渐地对年轻的女班主任老师由敬佩发展到爱慕。强强天天想着女老师，看着女老师冲他笑，心中就有一种幸福感。后来，强强发展到梦中与女老师举行婚礼，发生性关系，频繁出现梦遗现象，强强还悄悄地把女老师的照片张贴在床头上，每天亲吻。

年轻的女班主任老师在学校附近租房住，下学后，强强担心女老师路上被坏人伤害，故意走得很晚，暗中尾随女老师，主要目的是保护女老师的安全，看到女老师安全进了单元门，他才放心回家。有时，强强脑子里莫名其妙地怀疑晚上女老师去卫生间时可能会遇到坏人，就偷偷地尾随到卫生间门口，主要目的也是保护女老师，保护心中的恋人不受他人侵害。现在，强强怎么也控制不了自己的行为，总是对女老师日思夜想。

心理专家认为： 强强对年轻的女班主任老师产生了好感，在

心中留下了不可磨灭的印象,强强的暗恋行为,需要及时引导和教育。

认识暗恋

根据青春期的心理特点,老师先给强强播放了几曲浪漫的音乐,20分钟以后,给强强讲了暗恋的问题,使强强知道了暗恋是什么,有什么危害。暗恋其实就是单相思,明明知道这种爱是无法实现的,却昼思夜想,游离在幻想的、自我设计的、虚无的和心上人举办婚礼、过日子这样的事情上。这种虚无的幻想、不切实际的爱情是就是暗恋,也可以说是单相思。所谓暗恋,是指男女间仅仅一方对另一方的爱慕之心,实际上就是在自我观念之中搞热恋,而一旦这种热恋无法实现,热恋者便会坠入暗恋的爱情漩涡中痛苦挣扎,轻者孤身独处、闷闷不乐、自我陶醉、心理难以平衡,重者炽热的爱情无法熄灭,会出现手淫、尾随、窥视、张贴照片、与照片接吻等现象,暗恋者陷入迷恋、幻想的泥潭,不能自拔,处于"痴情"状态,甚至导致精神崩溃或情杀,严重危害身心健康。

听了心理专家的话,强强认识到暗恋的危害与严重后果,感到自己的做法很荒唐。

指出错误做法

心理专家批评了强强，使强强认识到了自己的主要错误有五点：一是过早地对异性产生好感，把正常的师生关系与所谓"爱情"联系在了一起。二是不能正确地对待青春期，产生单相思心理，有了手淫与性幻想的不良行为，不能自拔。三是没有法制观念，无论出于什么原因，窥视女性上卫生间都是违法的行为。四是没有及时把内心的想法告诉家长、老师，得不到任何人的开导、规劝与疏导，致使错误越来越大，性质越来越严重，以至出现了违法行为。五是思考问题简单，没有考虑严重后果，保护老师的初衷是好的，采取尾随的方法不可取。

强强完全同意心理专家的批评，红着脸，握着拳头，表示坚决改正，不再暗恋。

正确的做法

心理专家耐心地给强强讲道理，告诉强强克服暗恋是很痛

陪孩子走过高中三年
——送给亲爱的高中生

苦的事,需要毅力和勇气,更要加强学习,提高思想认识。看见心理专家这么耐心,没有歧视自己,强强很受感动,明白了很多事,知道以后该怎么办了。一是加强思想道德修养,不断提高自身素质。学生以学为主,还没有到谈恋爱的时候。平时要把心思放在学习上,多读有意义的书籍,多向优秀人物学习,净化自己的思想与心灵。二是积极了解青春期的生理特点,打破对恋爱、性的神秘感。高中生正值青春期阶段,对爱情与性会有强烈的好奇心,平时应该以健康的心态向学校的卫生老师或者家长请教青春期的知识,了解性是怎么回事,爱情又是怎么回事,使自己有一个健康的心态,能够自然地把爱情与正常的友情区分开来。三是对异性不要过于敏感。年轻的女老师对班里的每个同学都微笑,这是女老师爱护学生、亲近同学的一个表现形式,不能认为这就是女老师喜欢自己、爱自己,无形中给自己增添苦恼。四是及时倾诉内心的苦恼。学生应该及时地找信任的人(老师、家长、心理专家)进行倾诉,不要把苦水留在心里,憋久了容易导致严重问题的发生。五是转移注意力,参加有意义的活动。脑子里有了爱慕老师的想法后,一定不能认为是"罪过""可耻""下流",其实爱是博大的,师生之间正常的爱还是值得提倡的。要把对老师的爱转化为学习的动力,激

心胸狭窄与暗恋心理

发自己的学习热情。另外，平时不要胡思乱想，可以参加有意义的文体活动，使自己充实起来，振奋起来。六是用法律来警示自己的言行。在做什么事之前，要想到法律二字，明白偷窥异性上卫生间是违法的、是可耻的行为，尾随异性是不道德的行为。

惨痛教训

心理专家给强强讲了一个惨痛事例，一个高三男生暗恋一个女生，朝思暮想，不能安心学习，最后没有考上大学，女生顺利考上了大学。高中毕业不久，男生向暗恋的女生表白爱慕之心，被女生严肃拒绝，男生的心理受到沉重打击，不能接受事实，用刀子把暗恋的女生杀死。

听了这个事例，强强感到很可怕，知道了自己陷入了很深的泥潭，决心要改正。

女班主任老师的关心

心理专家与强强的女班主任老师交换意见，希望女班主任

老师原谅强强的无知和冲动。女班主任老师知道了强强的心理状态以后，没有厌烦强强，更没有疏远强强，而是为强强的行为保密，自然、主动、热情地找强强谈心，希望强强把心思用在学习上，保持一颗纯洁、向上、积极的心。批改作业时，女班主任老师总是给强强写很多鼓励的话，激励强强刻苦学习，树立远大的志向，报效国家。平时，老师主动问寒问暖，了解强强的家庭、生活与学习情况，真诚地帮助强强解决问题，使强强深受感动，强强对女班主任老师产生了敬意。

家庭活动很重要

心理专家与强强的父母谈话，建议父母多关心强强，丰富家庭业余生活。强强的父母按照心理专家的意见，主动利用节假日带强强去参观博物馆，看名人故居，大大开阔了眼界。爸爸知道强强喜欢打篮球，周末的时间，爸爸就主动与强强去体育馆打篮球。妈妈还买了篮球比赛的票，与强强一起看篮球比赛，现场感受篮球比赛的气氛。妈妈平时主动早下班，给强强做可口的饭菜，与强强交谈。家庭活动多了，妈妈和爸爸也越来越关心他了，强强感到充实了，也不再暗恋老师了。

心胸狭窄与暗恋心理

心理专家对老师的忠告

教学中,老师要关心学生的感情世界,知道学生想什么,需要什么帮助。要用积极的方式去引导学生,树立正确的感情观。要鼓励同学参加积极健康的文体活动,多开展谈心活动和"一帮一"活动。发现学生有了暗恋问题以后,不要粗暴地批评学生,要注意学生的个人隐私,在保密的情况下,把问题解决好。

心理专家对家长的忠告

家长要给孩子创造良好的环境,让孩子感到家庭温暖和快乐。要主动与孩子交换意见,帮助孩子解决困难。要多参与到孩子活动中,增进亲子感情。要认真给孩子上好"青春期"教育课,帮助孩子度过感情危机。

心理专家对高中生的忠告

千万不要把正常的同学友情、师生情当爱情。一定要把精力放在学习上,不要过早地涉及性与爱。遇到自己无法解决的问

陪孩子走过高中三年
——送给亲爱的高中生

题，应该坦诚地面对，及时、主动、大胆地向人倾诉，把握好自己成长的每一步。要保持理智和清醒的头脑，用坚定的意志力战胜暗恋。要把精力用在学习上，多参加集体活动，培养更多的兴趣爱好，淡化自己的暗恋心理。

认真回忆一次成功克服暗恋的过程：

_____
_____
_____
_____
_____
_____
_____
_____
_____
_____

冲动与强烈追求异性心理

1. 事情没有弄清楚前，就贸然出手

 情景再现

"偷了东西还不给，给不给，不给就不客气了……"

"不给，就是不给，我没有偷，你诬陷我……"

去年夏天的一个晚上，某小区附近的一个小树林里传出两个男孩的争吵声音。随着争吵的升级，声音越来越大，程度也越来越激烈，突然听到"啊、啊"的两声惨叫，两个男生的胳膊各自插着一把刀，先后倒在了地上，全身都是血。这是为什么呢？是什么原因造成了如此严重的后果呢？原来，这两个高中男同学本是好朋友。前不久的一个星期六的下午，高一学生山山把同学兵兵叫到家看球赛，其间，兵兵多次单独进了山山家的书房，欣赏一些工艺品，还顺手拿

陪孩子走过高中三年
——送给亲爱的高中生

了一个精美的国外制造的钥匙链。晚上，山山进了书房，发现妈妈出国带回来的精美钥匙链不见了，当即怀疑是山山拿的。第二天晚上，山山带上切西瓜的刀子把兵兵约出来追要钥匙链，兵兵不承认还强词夺理，一怒之下，山山乘兵兵不注意，拔出刀子扎向了兵兵的胳膊，兵兵也几乎同时把刀插进了山山的胳膊，两人都受了伤，被120送到医院抢救。

同学和老师震惊了，不相信这是事实。兵兵和山山出院以后，山山的妈妈担心山山再次闯祸，主动请心理专家帮助山山。

心理专家采取安慰法，让山山说出了心里秘密。原来，山山的爸爸脾气很暴躁，经常因为一点小事与人打架，爸爸经常对他说在外面不能胆子小，该出手就出手，否则要吃亏的。另外，以前他最爱看电视剧《水浒传》，羡慕108将的豪气，也想着当大侠。

冲动与强烈追求异性心理

心理专家认为：山山喜欢看电视剧《水浒传》，性格上受到了影响，特别是受爸爸的负面教育影响，在不能吃亏的前提下，有了冲动心理，需要教育和引导。

认识冲动的危害

心理专家语重心长地与山山交谈起来，认真给山山讲冲动心理与行为的危害，山山受到教育。山山不停地点头，最后竟然哭泣起来，知道了很多以前不知道的做人的道理，明白了冲动行为与心理会使人情绪暴躁，失去理智，失去控制力，容易陷入被动，甚至导致危险后果发生，严重时还会出现丧心病狂的行为，触犯法律，追悔莫及，给自己和家人带来不幸，毁掉一生的幸福。医学试验证明：冲动对人的身心健康影响很大，会使人的精神高度紧张，血压迅速升高，对人的肝脏、心脏、肺和脑神经系统伤害很大，会破坏人的生理机制，影响消化系统功能的正常发挥，从而导致各种疾病发生。爱冲动的人，与他人关系紧张，经常惹是生非，如被心术不正的人利用，容易使自己陷入孤独和无助。

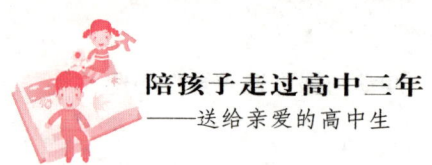

陪孩子走过高中三年
——送给亲爱的高中生

指出错误做法

心理专家见山山认识到自己的错误了，严肃地指出了山山的几个错误。一是丢东西后没有及时向家长说明情况，也没有通过其他人解决问题，而是独自采取行动。二是失去理智，不冷静，冲动地带着刀子去讨要东西，出现失控行为。三是没有法律意识，采取暴力手段，没有考虑刀子插向同学的后果。四是个人修养不够，心胸狭窄，没有气度。

山山完全同意心理专家的批评，也感到很惭愧，表示以后遇到事情要冷静，不再冲动了。

正确的做法

心理专家站在黑板前，使用加粗字体，告诉了山山正确解决类似事情的方法，让山山长了见识，提高处理问题的能力。一是冷静处理。发现同学拿走家里的东西后，不要急着找同学讨要，不能冲动，让同学面子扫地，一定要理智对待，委婉地与同学谈这件事。二是告诉家长。第一时间，把同学拿走自家东西之事一五一十地告诉家长，听从家长的意见。如果东西不太珍贵，不

冲动与强烈追求异性心理

妨就算了，以后不要把这样的同学带回家来就是了。如果东西很贵重，取得家长配合，在不伤感情的情况下，与同学交换意见，很自然地把东西要回来。三是切忌动武。无论丢了什么东西，都要以和平的方式解决，千万不能兴师问罪，用武力解决问题。这样不但解决不了问题，还会把事情搞复杂，甚至造成不可挽回的严重后果。四是必要时通过法律途径解决问题。如果东西很贵重，自己出面无法要回，家长出面也要不回，可以通过法律途径解决，及时报案，让公安人员出面解决问题。

法官的教育

心理专家把山山带到法院，请法官给山山讲了一个案子。

一位18岁的高中生因为一句玩笑话，在情绪失去控制的状态下，用砖头砸同学的头，导致同学失血过多死亡了。在监狱中，18岁的高中生痛哭流涕，后悔自己做事冲动，没有法制观念。听完法官讲的案子，山山受到很大触动，十分后悔自己的冲动行为。

爸爸的自我批评

心理专家主动与山山的爸爸取得联系，客观地批评了山山爸

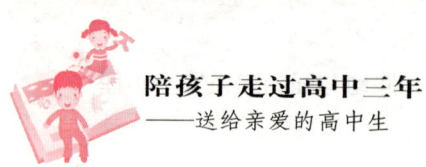

爸错误的教育方法，这样教育孩子只能害孩子。山山的爸爸认识到了自己在教育孩子上的问题，很后悔。爸爸按照心理专家的安排，与山山坐在一起，认真地做了批评和自我批评，而且还写了深刻的检查，表示以后要理智、要有修养、要宽容、要尊重人，更要有法制观念，给山山做好榜样。山山看见爸爸的态度转变了，看着爸爸写的检查，自己也表示要坚决改正，提高修养，不再冲动。

"五个一"工程

心理专家积极与山山的班主任老师交换意见，建议老师开展"讲文明、讲道德、讲友谊、讲团结、树新风"活动。班主任老师根据高中学生的心理特点，搞了"五个一"工程，即：看一部革命题材的电影，听一次法制讲座，写一篇读后感，听一堂心理健康课，一周一次谈心。"五个一"工程活动开展以后，同学们受到了深刻的教育和启发，学会了做人、做事与思考，法制意识明显提高，心理素质也提高了。

漫画的警告效果

为了增加记忆，天天有警告，心理专家与山山一起画了几张

冲动与强烈追求异性心理

关于冲动导致危害的漫画。山山把漫画张贴在房间里，每天出门前看一看，回家后看一看，很有警示效果。

经过心理专家的积极干预，通过大家的共同努力，山山的思想发生了很大的变化，知道尊重人了，知道和同学互相谦让了。

心理专家对老师的忠告

发现学生有冲动心理与行为后，要经常给学生讲冲动的危害与严重后果，适当的时候可以给学生讲法制知识，让学生们在思想上引起重视，还可以给学生讲解性格与成功的课，让学生明白性格的重要性。

心理专家对家长的忠告

家长自己做事不要冲动，给孩子做好榜样。一般情况下，家长的性格对孩子性格形成影响很大，在性格上要给孩子正面的影响，表现出温和、宽容和热情。平时要加强学习，提高自身修养，遇到事情要冷静、理智。

心理专家对高中生的忠告

要学会转移注意力，巧妙地转移焦点问题，等冷静下来以后再决定。平时注意学习，提高修养，学会控制，不要太争强好胜。要学会思考和处理事情，发现自己或家里的物品丢失后，千万不能在情况不明的前提下，给同学扣上偷东西的帽子，伤害同学的自尊心，使矛盾激化，点燃"爆炸"的导火索。交友要慎重，要对朋友的品德、作风有全面的了解，不能轻易把不可靠的同学带进家。

认真回忆一次成功克服冲动的过程：

_____
_____
_____
_____
_____
_____
_____

2. 给女同学写了 55 封情书

 情景再现

放学回家后，丽丽发现书包里又有一封信。打开一看，是高三（1）班的男同学海海写来的第 55 封情书。信中写到，"丽丽，我喜欢你。我会天天等着你，看着你，没有你，我就不活了，我想死你了……"

看着海海的第 55 封情书，丽丽脑子里想了很多，根本无法安静下来，作业也没有写完，晚上睡觉也总想着海海的信，心里七上八下的。第二天上学，坐在书桌前，丽丽总是胡思乱想，老师讲的什么课也不知道了。因此，丽丽的学习成绩下降得很快，老师追问原因，她支吾着说出了收到海海 55 封情书的事，想转学。

老师很有经验，急忙安慰丽丽，认真地告诉了丽丽正确做法。第一，像什么都没有发生一样，自然地学习与生活。接到异性同学的求爱信以后，要替同学保密，不要在大

庭广众之下伤害同学的自尊心,要采取冷淡处理的方式,适当地告诉异性同学我们还小,要把精力用在学习上,同学之间保持纯洁的友谊最重要,不能想入非非,更不能把友情当成爱情。不要受情书的影响,不要考虑得太多,就好像没有收到一样。你冷淡异性同学几天,异性同学也就觉得你不好接近,想法也就慢慢地消失了。第二,不能答应异性同学的要求。千万不要答应异性同学的求爱要求,无论信中如何表态,都不能接受,还是要集中精力学习,不要因此断送了你的大好前程。第三,可以主动向老师求助。如果觉得自己无法面对,担心处理不好,可以秘密求助老师。把情况详细地向老师说明白,老师会告诉你对待爱情、友情的态度,如何把握与异性同学的关系,如何巧妙拒绝求爱信等等。

听完老师的话,丽丽表示会处理好这件事。老师看见丽丽的问题解决了,主动请来心理专家给海海做工作,解决海海青春期的困惑问题。

冲动与强烈追求异性心理

心理专家采取自然交谈法，让海海说出了心里话。原来，海海特别爱看电视剧，对电视剧里面的恋爱、接吻、送花的镜头很感兴趣，一次偶然的机会，看见高三（2）班的丽丽长得漂亮，产生了好感，整日想入非非，模仿电视剧里的情景，开始给丽丽写求爱信，写完求爱信以后，不见动静，继续写，根本控制不住。

心理专家认为：海海正处于青春期，又长期受电视剧的影响，对异性产生了强烈的冲动反应，需要科学教育，正确引导。

认真讲解青春期知识

心理专家语重心长地给海海讲青春期知识，使海海明白了很多以前认为很神秘的青春期性知识。当人进入青春期阶段后，由于性器官的迅速发育，第二性的出现，在荷尔蒙的作用下，有了两性差别意识，不由自主地会产生一些特殊的心理体验，引起性冲动，出现对异性的关注、喜欢和追求。一般情况下，高中生的

陪孩子走过高中三年
——送给亲爱的高中生

性心理发展要经过两个阶段,第一阶段是对异性的疏远、恐惧、排斥和反感期,不愿意与异性交流、活动,见到异性脸红、害羞,难以启齿。第二阶段是对异性的敏感、好奇、关注、好感和追求期,喜欢在异性面前显摆,引起异性的注意,希望给异性留下好感。高中阶段,对异性产生好奇、好感和关注是自然的生理与心理反应,无可厚非,也不必大惊小怪。但是,如果整日想入非非,不顾异性的心理反应,连续写求爱信或用其他方式追求异性,干扰了别人和自己的正常学习生活,就超过了"度",可能会产生严重问题。

学会克制和尊重

心理专家告诉海海,人是有思想、有控制力,是知道耻辱的,当追求异性的想法出现后,要能控制住自己的行为,千万不能冲动,干出悔恨终身的事来。尊重人很重要,只有学会尊重人,才能得到别人尊重,才能赢得别人的好感。心理专家找出两份案例,让海海认真看一看。

第一个案例:前几年,某学校的一个高三男生,因为看了不健康的书籍以后,对女性产生了强烈的好奇心,经常在家门口的女厕所窥视女人上厕所，后来发展到闯进女厕所耍流氓，因此受到了严肃处理。

第二个案例：某地，一个高二男生喜欢班里的一个女同学，连续给女同学写求爱信、发求爱短信、送玫瑰花，骚扰女生，最后女生得了恐惧症，不敢上学了。女生家长在找男生说理中，失手把男生打成重伤，女生家长也因此受到了法律制裁。

看完资料，海海感到很害怕，对自己的行为感到后悔。

丰富多彩的课余活动

心理专家建议海海多参加各种有意义的活动，转移自己对异性的注意力。海海喜欢打羽毛球、打篮球，利用周末的时间与爸爸去羽毛球馆比赛，每次都打得出汗，放松了心情。每天下学回家以后，海海与几个同学在附近的篮球场打一场比赛。海海把课余生活安排得很满，无暇想入非非了。

班集体活动

心理专家与海海的班主任老师交换意见，希望班主任老师在

教学中关注学生的青春期教育。班主任老师的孩子也上高三,很了解高中生的心理特点,立刻组织开展谈心活动和互帮互助活动,鼓励班干部、团支部委员与同学谈心,增进了解和认识。根据学生的学习成绩,打破男女界限,开展了互相帮助活动,6个学生一组,3个学习好的,帮助3个学习落后的,每天讨论、研究学习内容,互相帮助、互相督促、提醒学习,共同进步。海海在学习小组中得到了同学们的帮助,进步很快。

尽量不要接触不良的性刺激

心理专家嘱咐海海平时要看积极、健康、向上的电视剧,多读有意义的书,也可以读一些励志的书,不断提高思想修养和道德水平,让自己的心安静下来。最好不看带有性刺激的画面,更不能看淫秽图书、报纸和视频,减少刺激。平时,不要胡思乱想,要多想学习,把心思用在学习上,就能减弱对异性关注的心理了。要主动向卫生老师请教,打破青春期的性神秘感。

经过心理专家的干预和大家的共同努力,海海对异性不再想入非非了。

冲动与强烈追求异性心理

心理专家对老师的忠告

教学中，老师要积极地搞好青春期的生理卫生教育，打破学生对性的神秘感，使学生正确认识青春期是什么，人体第二性征出现时，如何与异性交往。要多组织健康、积极的集体活动，鼓励同学们多交流、多谈心、互相帮助。发现学生有强烈追求异性的行为后，不要粗暴地批评学生，以免伤害学生的自尊心，要耐心讲道理，以引导和关怀为主，让学生明白事理。

心理专家对家长的忠告

根据孩子的年龄，家长要及时给孩子上好青春期教育课，让孩子的心平静下来。家长要创造健康的环境，让孩子感到家庭的温暖和快乐。要主动与孩子交换意见，帮助孩子解决困难。要多与孩子互动，增进感情。要引导孩子读有益的书，提高修养。发现孩子看不健康的书、电影和电视剧时，发现孩子有追求异性的行为后，要及时批评教育。

陪孩子走过高中三年
——送给亲爱的高中生

心理专家对高中生的忠告

平时，一定要把精力放在学习上，不要过早地对异性产生强烈的好奇心。要知道尊重异性，不能把追求演变成骚扰。当遇到自己无法处理的事情，应该坦诚地面对，及时、主动、大胆地向人倾诉，把握好自己成长的每一步。要保持理智和清醒的头脑，学会控制自己的行为。要多参加集体活动，培养更多的兴趣爱好，淡化自己的对异性的关注。

认真回忆一次成功克服追求异性的过程：

_____
_____
_____
_____
_____
_____
_____
_____

"小团体"与"撞大运"心理

1. 竟然与几个同学"拜把子"

情景再现

星期天的上午,高一(5)班同学坡坡接到同学的电话,约好在某公园里有重要的事情商量。坡坡立刻去了公园,找到了同学,他发现班里有五个同学在一起小声嘀咕着什么事情。一个领头的同学说:"我们六个人都属狗,拜把子怎么样?成立'六狗帮'怎么样?如果你同意,就喝了这杯啤酒。以后,我们'六狗帮'的弟兄就是两肋插刀的好朋友了,谁也不敢欺负我们了。"坡坡对江湖义气很有好感,就喝了啤酒加入了"六狗帮"。

从此以后,"六狗帮"经常在一起聚会,上下学走在一起,还经常欺负同学,破坏班级的纪律,成了班级和学校的

陪孩子走过高中三年
——送给亲爱的高中生

"小霸王"。前不久,"六狗帮"因为拦截同学,抢夺钱财,受到了学校和派出所的严重警告,老师让家长来学校教育孩子。"六狗帮"也就此解散了。

没过多久,坡坡又与这几个同学打得火热,坡坡的妈妈很着急,担心坡坡再次与这几个同学混在一起,犯更大的错误,立刻把心理专家请来帮助坡坡。

心理专家先给坡坡播放了一部幽默、刺激的动画片,轻松、幽默的画面,让坡坡的心情放松了,而后专家与坡坡交谈起来,坡坡说出了心中的秘密。原来,坡坡学习不好,班里没有同学愿意与他玩,他感到很孤独。下学时,他经常遇到校外的青年拦截,被欺负、抢劫。平时,坡坡喜欢看《三国演义》,觉得"桃园三结义"很豪气,如果他也有几个哥们,就不会被拦截和欺负了。除此之外,爸爸有几个拜把子兄弟,经常和爸爸在一起喝酒,他们的这些做法也深深地影响了坡坡。

"小团体"与"撞大运"心理

心理专家认为：坡坡在班里很孤独，对学习没有兴趣，受《三国演义》"桃园三结义"和爸爸的影响，有了小团体意识，需要认真教育和科学引导。

指出错误做法

心理专家耐心地指出坡坡的错误做法，使坡坡明白了自己的错误有四个。一是，同学提出"拜把子"后，没有拒绝，还积极参与其中。二是，没有及时告诉老师、家长，使自己越陷越深。三是，法律观念淡薄，与"拜把子"同学做一些不正当的事情。四是，是非意识不强，不善于思考，做事全凭好恶、不能明辨是非。

坡坡完全接受心理专家的批评，羞愧地低下了头。

惨痛教训

心理专家请派出所民警给坡坡上了一堂法制教育课。民警说了一个惨痛的事例，让坡坡深受震动。去年的夏天，某地发生了一起血案，一死一伤，教训深刻。四个高三学生自称是"四

大天王"，经常聚集在一起胡作非为，一天晚上闲得无聊，想去上网玩又没有钱，在偏僻的道路上抢劫，为了20元钱，失手把散步的叔叔扎死，把散步的阿姨扎伤。四个学生因此受到了法律制裁。在法庭上，四名高中生痛哭流涕，后悔不已，可为时已晚。

正确做法

心理专家语重心长地告诉了坡坡正确的做法，坡坡不住地点头，表示同意。第一是，断然拒绝，立刻离开。如果有同学拉自己拜把子，加入"帮会"，自己要高度警惕，当即予以拒绝。同时，要远离这样的同学。如果同学以开玩笑的口气试探你，你不要轻易上当受骗，自始至终要保持头脑清醒。第二，及时向老师反映情况。发现同学拉自己"拜把子"，在自己不参加的前提下，打消顾虑及时告诉老师。这不是打"小报告"，是真正关心同学的健康成长，是为同学的前途好。第三，亡羊补牢。如果自己一时疏忽参与了"拜把子"，要及时醒悟，勇敢地向老师和家长承认错误，坚决地退出，从此再不参与。

"小团体"与"撞大运"心理

人生观教育

心理专家与坡坡的班主任老师交换意见,希望老师整顿班风,引导学生们把心思放在学习上。班主任老师结合国庆节,在全班开展了爱国主义教育和人生观教育。班主任老师还带领同学们去参观新中国成就展,学生们通过看照片、听讲解员介绍,知道了新中国的变化和发展,知道了振兴中华的重担落在自己的肩上,知道了"00后"肩膀上的担子有多么的重,同学们有了紧迫感和使命感,更加明白了学习的重要性。

坡坡参观时非常认真,还用手机录像,回家以后反复看,突然醒悟了,感到以前加入"六狗帮"太愚蠢了。

爸爸的改变

心理专家与坡坡的爸爸谈话,把坡坡的情况告诉了爸爸,希望坡坡的爸爸也要引以为戒,不要给孩子带来负面影响。坡坡的爸爸恍然大悟,知道自己说话办事没有把握住分寸。爸爸利用周末带坡坡爬山的机会,主动与坡坡交谈,引导坡坡正确交友,千万不要用江湖义气解决问题,更不能加入"小团体",这会让自己失去方向

感，失去法律的约束，干出错误的事情来，后果会十分严重。爸爸还告诉坡坡，在学校要广泛交朋友，与同学们保持良好的关系，虚心向同学学习、请教。现在是法治社会，要用法律的武器保护自己。

坡坡从来没有与爸爸认真交谈过，听到爸爸的这番话，坡坡很受教育，表示坚决不参加"小团体"了。

派出所的治理工作

心理专家主动与派出所、学校取得联系，说明情况，学校和派出所高度重视，找到了经常拦截学生的几个"黄头发"，在民警严肃批评和郑重警告下，几个"黄头发"表示再也不做违法乱纪的事情了。

警告语的作用

心理专家与坡坡一起写警告语，内容是：消极的"小团体"害死人，讲团结、讲友谊、讲学习，共同进步才是真，千万不要被心怀叵测的人利用，法制意识不可少……每天早上出门，坡坡认真看一遍警告语。

"小团体"与"撞大运"心理

经过心理专家的干预和大家的帮助，坡坡认识到了自己的问题，表示坚决改正，把心思用在学习上。

心理专家对老师的忠告

教学中，要教育学生放弃江湖义气的念头，不要为所欲为，要明白团结的真正含义；要鼓励同学们开展谈心活动，成立积极、健康、向上、正气的团体，共同进步；要引导学生把精力用在学习上，开展有益的课外活动；要进行法制教育，用法律约束学生的行为；要主动与学生谈心，帮助学生解决问题；要严肃批评带头者，做好"小团体"的带头人的转化、教育和帮助工作。

心理专家对家长的忠告

家长要以身作则，不能搞"小团体"，创造健康、和谐的家庭环境。要主动与孩子交换意见，帮助孩子解决困难。要引导孩子知法守法，提高修养。要重视孩子的心理成长，发现孩子加入不健康的"小团体"时，及时批评和教育。

陪孩子走过高中三年
——送给亲爱的高中生

心理专家对高中生的忠告

同学之间要建立真诚的友谊；不拉帮结派，更不能学社会上的一些不良风气，随意"拜把子"或成立"帮会"；要学法、懂法，更要遵纪守法。

认真回忆一次成功克服"小团体"意识的过程：

挫折与迷信心理

1. 妈妈和爸爸离婚以后

情景再现

立立今年刚上高中,本来应该好好学习,可是当他知道父母离婚了,爸爸抛弃他们母子后,心情十分复杂,更是不愿意回家。

他放学后经常一个人坐在公园里的假山上发呆。一天下午,他放学以后又来到假山,几个"黄头发"走过来,与他套近乎,还拉他去小酒馆喝酒。立立觉得这几个"黄头发"很讲义气,于是与他们混在一起。一天,几个"黄头发"拉他去了一个仓库门口,让他在门口看守,这时他才知道这几个"黄头发"是盗窃犯,当他正准备离开时,公安人员把他们抓获了。由于立立未满18岁,是被坏人利用第一次做这种

陪孩子走过高中三年
——送给亲爱的高中生

事,经过教育,立立被放回家了。

妈妈知道后很生气,严肃批评了立立,立立说都是因为父母离婚才让他变成这样,还说不想学习了,也不愿意活着了。妈妈感到立立变了,为了挽救立立,妈妈请心理专家帮忙。

心理专家通过兴趣聊天法,让立立说出了心里的烦恼。原来,自从妈妈和爸爸离婚以后,他觉得一切都是假的,以后再也没有谁会爱他了,觉得没有什么意思,对学习也没有兴趣了。

心理专家认为:立立因为父母离婚,受到了沉重打击,挫折心理严重,需要及时帮助和解决。

认识挫折

心理专家耐心地给立立讲心理学知识,使立立知道了挫折是什么,怎么战胜挫折。挫折是指人们的行动和想法遇到阻碍而又

挫折与迷信心理

无法克服时产生的一种紧张的情绪反应与体验，是一种消极的心理状态。挫折是人们经常遇到的，如：亲人离世、身体生病、学习成绩不理想、想法无法实现、父母离异等等，谁也无法回避。如果不能正确对待挫折，就会严重影响学习、工作和生活，甚至会危害身体健康。挫折就是纸老虎，你强它就弱，你弱它就强。有的人面对挫折无所畏惧，最终战胜了挫折，享受了成功的喜悦；有的人面对挫折，灰心丧气，一蹶不振，最终痛苦地被失败淹没。

指出错误

心理专家指出了立立的四个错误：一是受父母离婚的影响，不知道自己管理自己，自立能力差。二是随意交朋友，放纵自己，与"黄头发"们去喝酒。三是法制观念淡薄，与"黄头发"们一起去盗窃，陷入泥潭。四是没有及时把心中的烦恼告诉老师和家长，憋屈在心里，导致被坏人拉下水。立立表示完全接受。

明确告诉其正确做法

心理专家语重心长地与立立交谈起来，告诉了立立许多做

陪孩子走过高中三年
——送给亲爱的高中生

人的道理，使立立进步很快，学会了思考问题，知道以后该怎么办了。第一，遇到问题，从容面对。在思想上不要受父母离婚的干扰，自己要正确对待家庭破裂的事实，不自暴自弃。生活中父母的爱的确是不可缺少的，父母感情破裂，并不代表父母不再爱你。父母虽然离婚了，血缘关系永远无法割断。父母还在爱着自己，在自己最需要他们的时候，他们会出现在自己身边的，自己并不孤独。第二，自觉约束自己的行为，不违法乱纪。不要觉得父母离婚以后就没有人爱护自己了，其实亲人会更加关注你。平时要对自己的行为加以限制，不要随心所欲，想干什么就干什么。不要随意结交社会上的朋友，也不要加入危险的团伙，更不能干违法的事情。养成良好的生活与学习习惯，提高自己的自理能力，不让父母为自己担心。第三，及时向亲人倾诉。如果心情无法调节，特别是遇到突发的问题不好解决时，不要一个人承受，可以向自己信赖的亲人、朋友诉说烦恼，得到亲人和朋友的理解与支持。第四，参加班集体活动，在班集体中找到温暖与快乐。平时主动与同学搞好关系，多与同学交流，把班集体当成家。

与同学的真心交流

心理专家找来两位父母离异的高中生，与立立认真地交流，

挫折与迷信心理

引导立立从父母离异的挫折中站起来。

第一位父母离异的高中生，思想独立、个人素质很高、学习成绩优异，是省级三好生。他告诉立立说："其实，在父母离婚时，我也受到了很大的打击，妈妈不管我了，爸爸也不要我了，我突然失去了父母的爱，感到什么都是黑的，后来看了一本书，书名是《钢铁是怎样炼成的》，觉得人就要有斗志，有独立性，不能完全依赖父母，父母不会帮我们一辈子，只有自己长本事，将来才能生活得更好。"

第二位父母离异的高中生，在全国奥数比赛中获得了一等奖，取得了保送大学的资格。他说，"父母离婚后，他无法面对空空的房子，觉得一切都完了，非常恨父母的自私，不顾他的感情。后来，他看了发明家爱迪生的故事，感到人一定要有不服输的精神，知道了理解二字的真实含义。理解了父母的决定，知道了父母有父母的生活，孩子无法干涉他们。

最后，两位优秀的高中生一再鼓励立立，希望立立走出父母离异的阴影，把这个困难当作锻炼自己能力、提高自身素质的一次机会。立立认真地听完两位优秀高中生的生活经历，深受鼓舞，也变得有自信了。

陪孩子走过高中三年
——送给亲爱的高中生

老师和同学的热情关注

心理专家主动与立立的班主任取得联系,希望老师多鼓励立立,帮助立立战胜挫折。班主任老师知道了立立父母离异的情况后,主动与立立谈心,利用课堂发言的机会,恰到好处地表扬、肯定立立。利用改作业的时机,写一些名人名言,激励立立走好人生的每一步。班干部组织同学们开展谈心活动,通过谈心,增进了同学之间的友谊。立立的生日到了,同学们纷纷给立立做了生日贺卡,写上祝福的话,表示祝贺。看见老师和同学这么关心自己,立立感到了自己处处被温暖包围着,心情好多了。

父母表态

心理专家主动与立立的父母交换意见,希望他们关注立立的心理健康。立立的爸爸主动找立立谈心,表示永远爱立立,关心立立,支持立立,平时会经常来看望立立,会在立立需要帮助的时候及时出现。妈妈认真地与立立交谈,告诉他任何时候妈妈都不会放弃对立立的教育、关心和爱护,一家三口仍然可以见面聊天。立立看到父母还是非常爱他的,心情好多了。

挫折与迷信心理

标语的重要性

心理专家与立立写了几条标语，内容是：挫折是纸老虎，没有挫折就没有提高，挫折是成长中必须经历的事，在挫折面前不低头，挫折是成功的开始。标语张贴在立立的房间里，每天上学前看一次，下学后看一次，鼓励效果很好。

经过心理专家的干预，立立对自己有了信心，不再抱怨父母离异的事了，开始专心学习了。

心理专家对老师的忠告

发现学生遇到挫折以后，要及时鼓励和引导，帮助学生建立自信心；要认真开展心理教育，培养学生勇于面对挫折的精神；要多与学生谈心，知道学生有什么困难和挫折，及时帮助解决；要创造温暖的班集体环境，让学生有家的感觉。

心理专家对家长的忠告

家长在离婚的问题上要慎重，为了防止刺激孩子，要提前与

陪孩子走过高中三年
——送给亲爱的高中生

孩子交换意见,让孩子正确面对家长的离异问题。要提前做好安抚工作,把工作做在前面,不要忽视孩子的心理感受。要与孩子多交流,让孩子感受到父母的爱无处不在,无时不有。

心理专家对高中生的忠告

要敢于面对现实,面对挫折。要多参加集体活动,培养自己勇敢的精神。要主动敞开心扉,遇到想不开的事,敢于对老师和家长说。要学会理解父母,主动磨炼自己。要尽量使自己的心态放松,不受父母离婚的影响,最好能站在父母的角度考虑问题,不抱怨、愤恨、偏激,把握自己的成长之路,让快乐始终伴随着自己。

认真回忆一次成功克服挫折的过程:

_____
_____
_____
_____

2. 枕头下面的护身符

 情景再现

秀秀上高三以后，显得很神秘，每天晚上睡觉前都磨蹭半天，妈妈催促几次，也不答应。进入高三下半学期以后，妈妈看见秀秀学习不紧不慢的，也不怎么爱看书，几次考试成绩不怎么理想，妈妈很着急，问她需要不需要"一对一"的家教，重点补一补，秀秀摇头说不需要，考上大学没有问题。

一天半夜，妈妈起床上厕所，发现秀秀的房门没有关严，悄悄地走过去，隔着门缝向里看，发现秀秀正跪在地上磕头，嘴里还说："文曲星保佑我考上大学……"

妈妈感到很吃惊，立刻冲进房间，问秀秀干什么呢。秀秀红着脸，低着头，一句话也不说。

第二天早上，秀秀无精打采地上学去了。为了防止发生意外，妈妈请来心理专家帮助秀秀。

陪孩子走过高中三年
—— 送给亲爱的高中生

心理专家没有直接问话,而是与秀秀一起欣赏音乐,30分钟以后,秀秀的心情轻松了,主动说出了心中的秘密。原来,高二学年结束后,秀秀去公园玩,在公园门口遇到了一位算命的老人,老人劝她交20元钱算一算,她就让老人算一算自己能不能考上大学。算命老人闭上眼睛,掐着手指,叨咕了半天,从兜里拿出一个护身符给了秀秀,神秘地说已经问过了文曲星,你的属相好,高考没有问题。只要每天跪拜护身符,坚持到高考,保证能考上。文曲星的护身符已经保佑了几十位高中生考上了大学。秀秀本来就不爱学习,听说每天跪拜就能考上大学,很高兴,交了20元钱,跑回家了。从此以后,秀秀每天诚心跪拜,希望考上大学。

心理专家认为:秀秀轻信了算命老人的话,想投机取巧,不劳而获,有了迷信心理,需要认真教育和疏导。

识破迷信的危害

心理专家耐心地与秀秀交谈起来,使秀秀认识到了什么是

挫折与迷信心理

迷信心理和行为，有什么危害，高中生为什么要克服迷信。迷信心理和行为就是相信神灵、鬼怪等超自然的事物，或过分地相信和盲目地追求、信仰、崇拜，并在这种心理指导下，采取超出常规的手段以期达到根本无法实现的目的。迷信心理和行为危害极大，能使人走火入魔，甚至干出伤天害理的事情来。迷信是与现代科学对立的，是没有任何事实依据的，它严重影响到人的正常心理和思维。有些人利用迷信，扰乱社会治安，也有因迷信造成家破人亡的事件出现。高中学生涉世不深，没有社会经验，更要提高警惕，以免被心怀叵测的人利用。

答疑解惑

为了让秀秀心服口服，心理专家请来科普专家为秀秀讲人类进化论。科普专家拿出一本关于生物进化与演变的图书，里面精美的图片吸引了秀秀。秀秀看完书以后，科普专家接着播放了关于科普教育知识的VCD光盘，同时耐心地为她讲解有关知识。

秀秀看入了迷，也听进去了，概略地了解了人类起源，原始社会到当今社会的发展历程；明白了各种天文现象发生的原因，宇宙的演变，大爆炸理论，太阳系、银河系的年龄；知道了海洋

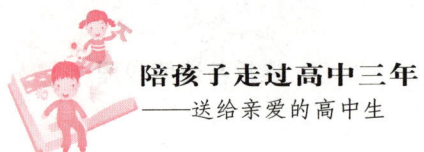

的产生，地壳的变化，古代人的年历学、数学，让她明白了古代人和现代人运用公历与农历的计年方法；通过历史人物与历史传奇故事，使她知道了人的属相的来历，清楚了 12 属相只是古人为了纪年而采用的一种方法，并没有什么特别的玄奥之处，属什么都一样。知道了神仙、鬼魂都是人编造出来的故事，都是美好的心愿，现实生活中并没有这些东西。

血的教训

心理专家找来一位骨科医生，给秀秀讲了一个真实的故事。前几年高考前夕，某地一名高三学生，盲目听信了算命者的话，让爸爸开车去烧香拜神，祈求考上好大学，途中发生了车祸，爸爸和他都受了重伤，无法参加高考。受伤的高中学生躺在医院的病床上，后悔极了。这是多么愚昧无知的做法。

心理专家告诉秀秀，学习没有捷径，只有刻苦和勤奋，你现在不能集中精力学习，而是把心思放在跪拜护身符上，成绩自然会下降。现在同学们都在跑步学习，你却搞迷信，怎么能考出好成绩呢？心理专家的一席话，使秀秀受到了触动。

挫折与迷信心理

识破算命老人的真相

心理专家把秀秀遇到算命老人骗钱的情况向派出所民警报告，民警很重视此事，对公园周边进行了排查，很快发现了这个算命老人。在民警面前，算命老人承认自己是为了骗取钱财，才编造瞎话，护身符是他自己印制的。很短的时间内，他已经蒙骗了几十个准备高考的学生。他专门寻找学生模样的人，因为他知道学生社会经验不多，警惕性差，容易上当，特别容易欺骗，即便是漏洞百出，也不容易被识破，连他自己也感觉奇怪。

秀秀看过民警审问算命老人的录像后，知道了算命老人的骗人把戏，气得直咬牙，后悔当初怎么这么愚昧无知。

分析知识漏洞，重点补课

为了帮助秀秀提高学习成绩，理清思路，心理专家主动与秀秀的班主任老师联系，说明了秀秀目前的情况，希望老师帮助秀秀，让秀秀恢复自信心。班主任老师很关心秀秀，先后把数学老师、语文老师、英语老师、地理老师、政治老师请来，一对一地帮助秀秀查找知识点中存在的漏洞，有针对性地帮助秀秀解决问

题。经过各科老师的重点帮助，秀秀理清了思路，找到了学习方法，成绩也有明显的提高。

创造健康的学习气氛

心理专家建议班主任老师调节班里的学习气氛，在激励同学奋力拼搏的时候，还要给同学们减压。班主任老师很懂心理学知识，采取了定期开主题班队会的活动，让同学们围绕理想、志向、高考、爱国等主题积极思考，制作课件，写发言稿，互相交流体会，既活跃了气氛，又促进了学习。为了制造轻松的高考氛围，团支部还认真出板报，用幽默的漫画、浪漫的诗歌和散文，引导同学们珍惜现在的大好时光，全力迎接高考。学习委员还专门制定了"一帮一""学科互补"助学活动，同学们可以互相帮助，互相讨论，共同提高成绩。秀秀感到了班集体的温暖，也对自己有了信心。

日记本里的警告语

心理专家建议秀秀经常在日记本上写警告语，不断激励、警告自己。内容是：一分耕耘，一分收获；迷信害死人，要相信老师和家长；高考没有救世主，要靠自己努力；高考是个过程，参与就是成功；安心学习，不要胡思乱想；没有付出，就没有收获……

通过心理专家的干预，通过大家的积极努力，秀秀不再求神拜佛了，而是知道通过自己刻苦努力学习去迎接高考。

心理专家对老师的忠告

发现学生有迷信行为后，要认真进行教育，以理说事，让学生认识到迷信的危害，从根本上消除学生的迷信思想。要善于进行调查研究，问清楚学生为什么迷信，是不是遇到了困难和麻烦，积极帮助解决。要主动与学生家长联系，与家长一起帮助学生克服迷信思想。

心理专家对家长的忠告

发现孩子有了迷信的行为以后，家长要主动与孩子交换意见，把孩子的内心情况搞清楚，有的放矢地解决问题。要与孩子

一起学习，增长见识，提高分析问题的能力。要引导孩子思考问题，要保护孩子的隐私，不要大肆渲染，用平和的方法把孩子的问题解决好。

心理专家对高中生的忠告

迷信心理的危害极大，它能影响到学生正常的心理发展，腐蚀学生心灵，能给学生带来巨大的灾难。迷信心理的产生有时与自己及其家人出现问题有关系，人在迷茫的情况下，在遇到无法解决的困难时，容易相信鬼神、误入圈套、上当受骗，这一点应该引起学生的高度警觉。遇到问题以后，要相信老师、同学和家长，提高辨别是非的能力。

认真回忆一次成功克服迷信的过程：

_____
_____
_____
_____

自卑与逞能心理

1. 书包里为什么都是减肥药

情景再现

高二学生英子，今年17岁了，1.52米的个子，体重却达到了150斤，最近也不知道是怎么了，总往药店跑，2000多元的压岁钱基本上用完了，还多次偷偷地向舅舅、姥姥、爷爷、奶奶要钱。更奇怪的是，爸爸还经常发现她躲到卫生间里，好长时间不出来，由于是女孩子，爸爸也不好多问。每天吃饭时，英子只是吃一点点，肉、鱼、鸡蛋不敢吃，馒头、米饭也不敢多吃，人显得非常虚弱，面色也很难看，后来竟然出现了几次危险情况。由于英子长期进食少，体育课上跑步，下课后同学们在一起活动，体力消耗过大，营养严

重不良,几次出现低血糖,虚脱昏倒,情况非常严重。

  一天,姑姑来到她家,在她的书包里意外地发现了有10多种减肥药物。姑姑感到问题严重,就向英子的爸爸说起了此事。英子的爸爸劝英子不要乱吃减肥药,可是英子根本不理睬爸爸的劝说。英子的妈妈从外地出差回来,妈妈认为英子不单单是减肥的问题了,可能是心理上出现了问题,就主动把心理专家请进家。

  心理专家来到英子家里,以妈妈同事的身份很轻松地与英子聊起了减肥,详细地把目前减肥潮流、方法和效果告诉了英子,并运用大量事实向英子介绍了科学减肥办法。英子感到这位阿姨对减肥很内行,心中特别服气,就主动开了口,详细地说出了自己为什么拼命减肥的原因。原来,最近英子开始注意衣着了,班里面的同学也经常私下议论谁的衣服漂亮,谁的裙子漂亮等等。其实,她有好多的漂亮衣服,就是穿不上,心里特别希望同学们说她的衣服漂亮，听到赞扬她瘦了的话。可是，由于自己太胖，穿什么好衣服也觉得不合适，没有听到任何同学的夸奖，内心很自卑，不愿意与同学说话。于是她就拼命买减肥药，想达到快速减肥的目的。

心理专家认为：英子对体形不满足，有了自卑心理，想通过大量服用减肥药达到快速苗条的目的，需要及时教育和科学引导。

肯定爱美之心

为了不让英子有新的心理压力，心理专家首先肯定了人爱美，喜欢漂亮衣服是天性，没有什么不对的。尤其是处于青春期的女孩子，希望美、喜欢美、喜欢穿漂亮衣服更是正常的事情。

乱吃减肥药的危害

心理专家找来减肥专家与英子谈减肥，减肥专家说了一个事例，深深触动了英子。前几年，一个高中生，因为担心身体发胖而不敢吃饭，并悄悄地买减肥药超量服用，因此严重损害了身

体健康，得了药物性肝炎和肾炎，不得不住院治疗。听了这个事例，英子很后悔自己乱吃减肥药。接着，减肥专家结合照片，耐心、细致地给英子讲解乱吃、过量地服用减肥药的严重后果，使英子知道了乱用和过量地服用减肥药物会严重危害身体健康，同时还容易引发其他方面的疾病。

适当地讲一些美学知识

心理专家找来一些美学资料，恰到好处地给英子讲了许多形体美学知识，讲了服饰的起源、传统的服饰美学、民族服饰美学，讲了古今中外对美的理解，讲了人与自然美的内在关系，讲了气质、文化素养与美的关系等等。这都使英子对人体自然美、气质美有了深刻的认识，对服饰美有了深层次的理解，逐步地认识到自己以前的做法是多么幼稚。

老师的及时教育

心理专家主动与英子的班主任老师取得联系，班主任老师非常重视此事，在一次参观英雄模范人物事迹展览后，班主任老师适时地在班里开展了"什么是美，为什么说心灵美最重要"的主题班队会。同学们通过诗歌、讲红军长征的故事、演小品的形式，明白了美的真正含义和做人的道理，知道了学生应该追求什么，树立什么样的人生观。慢慢地在班里没有人讲吃穿了，而是更多地讲集体、讲环境保护、讲学习、讲团结、讲友谊了。英子也因此摆正了心态。

健康专家讲走步减肥

心理专家把健康专家请来，重点给英子讲解走步减肥，使英子明白了很多减肥与健康的道理，知道了真正意义上的减肥是要通过长期的、科学的运动与锻炼来实现的。英子深刻认识到了以前的错误做法，把所有减肥药物都扔掉了。运动专家根据英子的身体状况和学习时间，为英子制定了一个科学的快速走步减肥锻炼计划，每天早晚各在公园里走50分钟，每分钟走120步，并建议可以进行系统锻炼。

通过上述办法，现在英子的饮食正常了，每天快速走步锻炼100分钟，恢复了高中学生的朝气，幸福的微笑终于又挂在脸上了。

陪孩子走过高中三年
——送给亲爱的高中生

心理专家对老师的忠告

发现学生因为身体或其他原因有了自卑心理后,千万不能讽刺、挖苦、打击,要给予学生更多的理解、帮助、关心、爱护和鼓励。要创造良好的班集体环境,把学生的思想基础打牢固,让他们关注学习、团结与友谊。要让学生积极思考,明白美的真正内涵。

心理专家对家长的忠告

孩子随着年龄的增长,会对美产生向往与幻想,面对同学的美,非常敏感与羡慕。特别是处于青春期的孩子对于美更是充满无限的遐想,引导不好就容易出现极端问题,父母要高度重视。在孩子体形的问题上要密切关注孩子的心理变化,不要认为孩子小,就漠不关心,应该主动与孩子交流,指导孩子锻炼与运动。要关注孩子的饮食情况,防止出现因减肥而过度节食问题。

自卑与逞能心理

心理专家对高中生的忠告

所谓自卑就是自己瞧不起自己或者轻视自己，对自己没有自信心，只要战胜了自己，就能战胜自卑。自卑的危害很大，对于个人成长进步很不利，要树立信心，不要怀疑自己，否定自己，不要轻易与同学比，要多参加集体活动，培养自己坚强的性格。减肥不能影响身体健康，不能钻牛角尖，要听医生的建议，听运动专家的建议，采取适合自己的减肥方式。

认真回忆一次成功克服自卑的过程：

2. 特别爱出风头

 情景再现

学校因施工规定，学生不能穿越施工区域，同学们都绕道走，新新逞能，悄悄地穿越施工区域，结果被钢筋扎破了腿，鲜血直流。

一次，班里的电灯不亮了，同学们说告诉学校的电工来修理，新新逞能说自己会修，上去拧灯泡，被电了一下，差点出人命。

一次，学校开运动会，新新跑了200米，感到很热，悄悄地跑到外面买雪糕。同学劝他不要吃或少吃，他就是不听，一口气吃了6根雪糕，导致胃痉挛。

妈妈多次说他逞能，他听不进去，仍旧我行我素。

一天上午，体育课上，同学们在老师的组织下进行鞍马跳跃练习，新新显得很活跃。练习分两组，老师在第一组教同学们跳跃要领，要求第二组同学做准备活动。新新在第

自卑与逞能心理

二组，他平时爱活动，是个体育积极分子，爱在器械上玩花样。看到老师教第一组的同学，他就迫不及待地来到鞍马前，想在同学们面前露一手。趁老师不注意，他飞身跃起，身体悬在空中，可是下落时，由于紧张，准备活动不充分，双手没有撑住鞍马，身体失去平衡，脖子着地，重重地摔在地上，颈椎受到了严重的创伤，当时疼得他直冒汗，挣扎着想起来，可就是站不起来。老师发现问题严重，立刻叫了120急救车。在经过连续10个小时的手术后，新新才脱离了危险。

妈妈担心新新再出什么意外，就把心理专家请来，帮助他解决问题。

心理专家采取兴趣交流法与新新交谈起来，很快让新新说出了心里的秘密。原来，新新从小受爸爸影响很大，爸爸就爱出风头，什么都敢干。升入高中以后，新新特别希望被同学关注，可是他学习不怎么好，也不是班干部，更没有什么特长，只好干一

些冒险的事，以此博得同学的关注。

心理专家认为：新新总是想用逞能的方式得到同学的关注，这需要心理专家的科学引导。

逞能的危害

心理专家语重心长地给新新讲了逞能的危害，让新新深受教育。新新明白了逞能是虚荣和爱面子的表现，是控制力差的表现，是心理素质低的表现。逞能使人容易激动、忘乎所以、为所欲为、陷入被动，甚至导致危险后果发生，严重时还会触犯法律。遇到事情爱逞能，对人的身心健康影响很大，会使人的精神高度紧张，对人的肝脏、心脏、肺和脑神经系统伤害很大，会破坏人的生理机制，从而导致各种疾病发生。事实证明，爱逞能的孩子，同学关系紧张，经常惹是生非，或被心术不正的人利用，容易使自己陷入孤独和无助，甚至断送大好前程。

指出错误做法

心理专家耐心地与新新交谈起来，讲了很多做人的道理，使

自卑与逞能心理

新新意识到了自己的问题有五个。一是没有组织纪律性,犯自由主义,没有得到老师的允许,就擅自跳跃鞍马。二是没有认真地进行准备活动,四肢僵硬,导致事故。三是逞能心理严重,为了能在同学面前显示自己,忽视了安全的重要性。四是缺乏责任感,没考虑到事故会给自己家庭带来痛苦。五是没有考虑后果,图一时的高兴,鲁莽行事。

告诉正确做法

心理专家语重心长地给新新讲道理,使新新明白了许多道理。知道以后应该怎么办。第一,遵守规定,按照老师的要求做。体育课人多,器材少,不守纪律,没有统一的指挥,就很容易出乱子。所以一定要听从老师的安排,不能在老师不注意的情况下,擅自做一些危险的动作。第二,运动前充分做好准备活动。无论是什么活动,对身体进行预热是非常重要的。要使肌肉、关节、韧带全部活动开,防止身体受到意外伤害。第三,掌握正确的动作要领。做器械练习,一定要按照要领,不能耍花样,更不要逞能做超极限的"酷"动作,以免发生意外。

陪孩子走过高中三年
——送给亲爱的高中生

河边的教训

心理专家把新新拉到河边，指着河中心，讲了一个惨痛的故事。夏日的一天，几个高中生来河边捉蝌蚪，高二学生佳佳捉了一会，突然发现河中心有一个乌龟浮出水面，本来不会水的他，逞能下水抓乌龟，被水淹死了。他的妈妈因此得了精神病，爷爷高血压发作需住院治疗，姥姥突发心脏病，意外死亡了，一个完整的家庭就这样崩溃。

看着河面，新新感触颇深，后悔自己太逞能了。

动漫片的启示

心理专家给新新看了一个动漫片，名字是《逞能的小马》。内容是：一匹小马在山坡吃草，看见一个山谷里有很多嫩草，正准备跑进山谷吃草，被老马拦住，老马告诉小马，山谷里随时有泥石流出现，会送命的。小马不服气，说老马胆子小，硬是冲进山谷吃草。突然，狂风大作，山谷里乌云翻滚，巨大的石头滚落下来，小马被掩埋在乱石之下。画外音：逞能的命运。

看完这个动漫片，新新受到了触动。

悲惨的交通事故

心理专家请来一位交通警察,给新新讲了一起恶性交通事故。前不久,几个高中生骑自行车上学,路上遇到一个拖拉机,高中生可可逞能,让大家看他的本事,说完用一只手拉住拖拉机,一只手握着车把,感到很得意。突然,前面有紧急情况,拖拉机急刹车,巨大的惯性,把高中生可可甩出去6米远,当场摔死。

听完交通民警讲的交通事故,新新很后怕,表示不再逞能了。

眼科医生的警告

心理专家把新新带到医院的眼科,眼科医生给新新讲了去年发生的一件惨痛事件。去年春节一天,高中生路路放鞭炮,妈妈不让他用手拿着放,他拍着胸脯,逞能地说没有问题。说完,用手拿着"二踢脚"放,把眼睛炸伤了,导致失明,身心受到严重损害,严重影响了以后的生活、学习和工作。

新新听到了这些,对自己的行为感到后悔。

陪孩子走过高中三年
——送给亲爱的高中生

警示语言的效果

心理专家与新新一起写了几条警示语，内容是：逞能是无知的表现；逞能是心理素质不高的表现；逞能是没有修养的表现；远离逞能，幸福平安；逞能有时能害死人，是人生进步的大敌……

新新把警示语张贴在卧室里，每天看好几遍，警示效果非常好。

经过心理专家的积极干预，新新的心理变化很大，情绪平稳了，能控制自己的行为了，不再逞能了。

心理专家对老师的忠告

老师在教学过程中，适时地给同学讲做人的道理，讲提高修养的重要性，把逞能的危害与严重后果直白地告诉同学，让同学引起重视。为了增强教育效果，可以制作法制宣传动漫，可以请法制宣传员来班里讲课，让学生从思想深处受到教育。要经常给学生讲处理"激将"的方法，学会与人沟通。

自卑与逞能心理

心理专家对家长的忠告

家长要提高自身素质，遇到事情以后，自己不要逞能，给孩子树立好榜样。平时要教育孩子学会克制，遇到超出自己能力的事情要学会绕着走，不要硬碰硬。发现孩子读的书不适宜时，要及时提醒、引导，甚至批评教育，不能迁就孩子。要创造读书的家庭氛围，和谐的家庭环境，让孩子心平气和地对待周边的人和事。

心理专家对高中生的忠告

平时注意学习，提高修养，学会控制，遇到事情时，不要争强好胜。要学会转移注意力，巧妙地转移焦点问题，等冷静下来以后再决定。要有法制观念，遵纪守法，不能忘乎所以。要多想一想严重后果，千万不能为所欲为。

认真回忆一次成功克服逞能的过程：

_____

_____

电视综合征、固执与盲目崇拜心理

1. 整夜偷看电视连续剧

 情景再现

17岁的方方上高二,也不知道为什么最近眼睛总是红肿,里面有很多血丝。他上课无精打采,总想睡觉,根本听不进去老师讲什么,老师多次批评他,可他还是没有什么改变。

最近,学校的几次考试,他几门功课不及格,班主任老师与方方的妈妈交换意见,问方方在家的情况,方方妈妈说,方方在家学习很刻苦,每天下午下学以后,吃完饭就把自己关在屋子里不出去了,一直学到夜间12点,怎么会考试不及格呢?晚上,妈妈追问方方为什么不及格,方方摇头不回答。

妈妈感到方方不对劲,主动找心理专家帮忙解决。

电视综合征、固执与盲目崇拜心理

心理专家采取兴趣交流法,打开了方方的话匣子。原来,方方的妈妈特别爱看电视剧,坐在沙发上,一看就看到半夜。受妈妈的影响,加上学校的作业多、考试多,很烦躁,为了减压,方方也喜欢上看电视剧了,他特别爱看关于战争、间谍、武打、悬疑的片子。白天上学没有时间看,晚上吃完饭,爸爸和妈妈又不让看电视,他就只好悄悄地买 VCD 光盘,夜间一个人看。看一两集不过瘾,就连着看完,经常整夜看电视剧,感到很过瘾、很愉快。如果一个晚上不看电视,就难受,像热锅上的蚂蚁,很急躁。由于他天天夜间看电视,白天精力无法集中,总是瞌睡,对学习也不怎么上心了。

心理专家认为:由于受妈妈的影响,再加上考试和作业让方方有很大压力,他就喜欢上了看电视剧,出现了电视综合征,需要及时疏导。

认识电视综合征

心理专家严肃认真地告诉方方关于电视综合征的问题,使方方

知道电视综合征有什么危害。电视综合征就是对电视产生了依赖，与电视为友，对学习、生活、工作失去兴趣，一天连续看电视超过6个小时以上。电视综合征主要危害有四个：一是严重影响身体健康，容易患颈椎病、消化不良、近视、失眠、痔疮等疾病；二是严重影响心理健康，出现幻景、情绪失调、记忆力下降、情绪急躁、情感淡漠；三是丧失斗志，对学习失去兴趣，对生活失去勇气；四是容易模仿电视里的人物，失去自我，脱离现实。

惨痛教训

心理专家打开笔记本电脑，给方方播放了两个节目，很有教育意义。第一个节目：一个高中生沉溺于看电视节目，春节期间连续看了36小时的电视节目，上厕所时脑袋发晕，眼前一黑摔倒了，导致胳膊骨折，住院治疗了一个月。第二个节目：一个高中生对一部电视剧入迷了，利用休息日连续看完了32集，竟然忘记了厨房烧的开水，导致煤气泄漏，引发大火，自己被严重烧伤。第三个节目：一个高中生连续看电视节目12个小时，早上上学时，注意力无法集中，过马路时没有看清斑马线，闯进马路中央，被汽车撞成重伤。

电视综合征、固执与盲目崇拜心理

看着惨痛的事例，方方对自己整夜悄悄地看电视感到后悔。

妈妈的积极变化

心理专家与妈妈交换意见，把方方的情况一五一十地讲了出来，希望家长配合，做好方方的工作。妈妈恍然大悟，认识到了自己看电视影响了方方学习，虚心接受心理专家的意见，把看电视剧改成了读书，每天还写读书心得，给方方做好榜样，创造了读书的家庭氛围。为了帮助方方学习，妈妈还订阅了报纸，给方方收集有关时事、政治等各方面资料，对方方帮助很大。同时妈妈还允许方方看电视，但是要有时间限制，最多不超过30分钟，内容也都对方方的学习有帮助。

班主任老师的关心

心理专家与方方的班主任老师交换意见，说明了方方目前的心理状况，希望班主任老师积极帮助。老师很有责任心和爱心，主动找机会与方方谈心，给方方讲人生的意义，讲做人与做事，讲理想与传统，讲中华民族的悠久历史，使方方受到教育。为了帮助方方

把注意力转移到学习上来,老师还在方方的作业本上与方方交流,写了很多鼓励的话,激励方方。每次方方有进步,老师都能恰到好处地表扬方方,肯定方方,使方方的自信心大增。

"一帮一"的作用

为了不让方方出现反复问题,心理专家建议班主任老师丰富课堂教学活动,创造快乐的班集体环境。班主任老师根据学生的学习情况,开展了"读书周"和"一帮一"活动,号召同学一周读一本好书,学会思考,提高认知水平。班主任与团支部书记商量后,建议团支部开展"一帮一"活动,学习委员与方方是"一帮一"对子,方方在学习委员的带动下,刻苦学习、认真整理笔记和知识要点、细致修改错题,学习进步很快,再也不孤独了、不厌烦学习了。

警示语的作用

为了让方方天天受教育,心理专家与方方一起写了警示语,张贴在卧室里,效果很好。内容是:学会克制,不沉溺电视节目

电视综合征、固执与盲目崇拜心理

中。学生以学为主。适当看电视有益,无节制看电视有害。身体健康最重要,不要让电视破坏了身体健康。

通过心理专家的积极干预,方方不再整夜看电视剧了,对学习有了兴趣。

心理专家对老师的忠告

老师在教学中应当注意学生的心理变化,不仅要注意学生在学校内的言行表现,还要关注学生校外的言行表现,发现学生情况异常,不要武断地批评,要及时与学生家长沟通,用讲道理的方法说服学生。要积极探索教学方式多样化,为学生创造丰富多彩的课余活动。

心理专家对家长的忠告

孩子过多地、没有选择地、长时间(每天超过2个小时)看电视,大量的信息会充斥大脑,会无意识地把电视中的情节渗透到自己的言行之中,应该引起家长的重视。家长平时应该让孩子有选择地看一些电视节目。还可以与孩子一起看电视节目,一起

探讨节目内容,正确引导孩子。

心理专家对高中生的忠告

要认识到长时间看电视对身心健康不利,要适度;要培养自己的兴趣,丰富自己的课余文化生活;要多参加集体活动,在集体中感到生活的快乐;要敢于把心中的痛苦说出来,不要藏在心中;要树立远大志向,把握自己的行为,明白眼前该干什么,不该干什么,用好每一分每一秒。

认真回忆一次成功克服电视综合征的过程:

2. 卧室着火以后

 情景再现

一天晚上，17岁的聪聪睡觉时，感到房间里有蚊子，生气地爬起来，把蚊香点燃，放在床下面。妈妈发现后，让他不要把蚊香放在床下面，妈妈担心聪聪睡着以后把被子蹬下来，蚊香引燃被子。聪聪嘴上同意，等妈妈出门后，聪聪根本没有把蚊香从床下拿出来。

一次，他躺在床上看书，感到灯光不亮，就把台灯拉到床边，电线拖拉在地上。妈妈发现后，要求他把台灯拿走，把电线归位，以免引起火灾，他假装答应，其实没有拿走台灯，继续躺在床上看书。

国庆节前，学校要组织同学外出郊游，聪聪晚上睡觉前给手机电池充电，还把喜欢的足球放在床边。充电器周围全是易燃物品。妈妈发现以后，要求他把足球、书、纸拿走，防止发生意外，他仍旧我行我素，没有听妈妈的话。睡

到半夜,他感到呼吸紧张,气管发堵,全身发热,睁开眼睛一看,卧室里着起了大火,火光夹杂着呛人的浓烟,吓得他呆愣在床上不能动弹。几分钟后,他缓过神来,想往外跑,可是感到头发晕,乱撞乱爬,让被子缠住了,迈腿吃力,怎么也出不来了。好不容易挣脱了被子,刚一下床,又被床前的足球绊倒在地,脸被烧伤了,幸亏妈妈及时冲进来救他,才避免了生命危险,可家里全部被烧光了。经过消防人员的勘察,大火是由于充电器短路,引燃了报纸和衣服导致的。

妈妈担心他再次出意外,主动把心理专家请来帮助。

心理专家以足球为话题,与聪聪交谈起来,聪聪的话匣子打开了,说出了心中的秘密。原来,聪聪的妈妈和爸爸只有高中文化,他内心瞧不起爸爸和妈妈,认为自己学的知识多,自己是正确的,根本不愿意听妈妈的意见。

电视综合征、固执与盲目崇拜心理

心理专家认为：聪聪瞧不起父母，听不进父母的意见，固执心理严重，需要正确引导和教育。

认识固执的危害

心理专家语重心长地告诉聪聪，什么是固执心理，有什么危害。固执心理是指顽固地坚持己见，总认为自己是正确的，拒绝接受他人意见的一种心理和行为。固执心理不利于人的进步，影响正常的人际关系，破坏团结，影响集体活动，令人反感，容易使人走向孤独。心理专家又认真地指出其错误有三个：一是固执心理严重，不谦虚，听不进父母的话；二是安全意识差，使用充电器太大意，周围有易燃物；三是应变能力不足，出事后，没有在第一时间高声呼喊家长，导致脸被烧伤。

正确的做法

心理专家严肃地告诉聪聪正确做法。第一，要谦虚，虚心接受他人意见。第二，思想要重视，加强预防最关键。卧室里容易燃烧的东西多，必须格外注意防火。东西要放置有序，不能杂乱

无章。第三，养成良好的生活习惯。在卧室里使用充电设备时，最好不要在夜间使用，因为夜间的电流大，人熟睡后不能及时发现异常，会引发严重后果。白天使用也要严格看管，不能麻痹大意。第四，遇到火灾呼救、逃离同时进行。卧室着火后，室内氧气会迅速减少，导致窒息，发生晕厥。所以，必须争取时间立刻向其他房间的人高声呼救，同时自己要迅速躲避火源。第五，自我保护。要注意呼吸道的畅通，避免被火烧伤，不要贪恋财物，把最宝贵的时间浪费掉。休息前，应认真检查房间物品的摆放，切实保证疏散道路的畅通无阻。

惨痛教训

心理专家把聪聪带到医院外科，一位医生给聪聪讲了一个惨痛的事件。一个高中生喜欢把手插在兜里走路，她的父母不知道说她多少次，可她就是不改。一天下楼梯，她又把手插在兜里，突然摔倒，双手来不及扶，头摔在地上，导致脑出血，现在还在医院抢救。

聪聪听完这个事，感到自己确实很固执，表示以后改正。

电视综合征、固执与盲目崇拜心理

损坏的电脑

心理专家把聪聪带到电脑维修点,一位修理电脑的师傅给聪聪讲了一个损坏电脑的事件。一个高中生总是喜欢把水杯放在电脑旁边,妈妈严肃批评他几次,他依然我行我素,一次不小心,水洒进了电脑,电脑主板烧毁了,可他并没有吸取教训,电脑修好以后,这位高中生还是把水放在电脑旁,又一次把水洒在电脑里,电脑彻底损坏了。

聪聪不断地点头,感到这个高中生像自己,意识到了自己的错误做法,表示改正。

尊敬父母是第一位的

心理专家拿出《弟子规》《二十四孝史》和《论语》,认真给聪聪讲了尊敬父母的必要性,讲了中华民族的传统美德。聪聪从中明白了很多道理,知道了孩子应该尊敬父母,应该知道感恩,体谅父母,听取父母的意见。

陪孩子走过高中三年
——送给亲爱的高中生

面见接生医生

心理专家与聪聪的父母交换意见，带聪聪去了当年接生聪聪的医院，在医院里见到了接生聪聪的医生。接生医生找出接生记录，微笑着讲述了17年前接生聪聪的过程，让聪聪明白了父母的爱是最无私的、最伟大的、最持久的。妈妈拿出聪聪的胎发、小脚印泥，聪聪看到这些，激动的泪水流了下来，表示以后听妈妈的话，不再固执了。

警示语言的作用

心理专家与聪聪一起写了几个警示语言，张贴在家里。内容是：固执是犯错误的开始，固执不利于团结，固执使人僵化，固执不利于进步和成长，固执早晚要吃大亏，固执使人闭塞，固执是没有修养的表现，固执让人难以接受新事物，固执使人心灵扭曲，尊重父母是美德，感恩父母……

聪聪每天主动看几遍，警示效果非常好。

通过心理专家的干预和大家的共同努力，聪聪的固执心理与行为逐渐消失了，现在越来越有思想了，知道尊敬父母了。

电视综合征、固执与盲目崇拜心理

心理专家对老师的忠告

教学中,老师要用纪律约束学生的行为,纠正个别学生固执的行为;发现学生有缺点和问题以后,要主动与学生谈心,不要粗暴批评,要以理服人;要引导学生多学习,开阔视野,学会思考,明白事理;要多组织集体活动。

心理专家对家长的忠告

家长自己不要固执,给孩子做好榜样。要密切注意孩子的心理与行为,发现问题以后,不要劈头盖脸地批评孩子,以讲道理的方式,让事实说话,把问题解决。如果自己无法解决,可以请老师、心理专家帮助解决。要从小培养孩子的良好品性。

心理专家对高中生的忠告

要加强学习,拓宽视野,正确认识自己,培养谦虚的作风,克服虚荣,虚心接受别人的批评和意见。要自我克制,经常提

陪孩子走过高中三年
——送给亲爱的高中生

醒自己,养成好习惯。要有安全意识,认识到家庭安全预防最重要。

　　认真回忆一次成功克服固执心理的过程:

3. 见到球星的东西就要买

 情景再现

16岁的奇奇上高一了,本应该把所有的精力都放在学习上,可他却只对篮球、足球感兴趣,因此每次考试全班倒数。他不仅对球星了如指掌,而且家里到处都是球星的东西,球星同款的鞋子好几双、运动衣好几套、各个球队的队徽、运动员的照片和钥匙链随处可见,而且价格不菲。

妈妈总批评他,不让他买球星的东西,让他好好学习,可他却说学习好有什么用,还不如球星进一个球的奖金高呢。

一天,他听说一个同学买了球星穿的新款运动鞋,他也想去买,可没有钱了,他就撒谎说要买学习资料,向爷爷要了800元钱,他拿着800元钱毫不犹豫地买了球星同款运动鞋摆在床下。

妈妈知道此事以后,感到奇奇不是买鞋这么简单的问题,立刻把奇奇带到心理专家面前,希望得到心理专家的帮助。

陪孩子走过高中三年
——送给亲爱的高中生

　　心理专家以球星为话题，从美国的 NBA 球星，一直谈到欧冠、英超、意甲、西甲联赛，使奇奇兴奋起来，也打开了话匣子。原来，奇奇的学校有一些同学喜欢篮球、足球，同学们经常在一起谈论球赛。他特别崇拜球星，感觉球星太厉害了，想当一名真正的球迷，只有买了球星的东西，在同学中才觉得有面子。

　　心理专家认为：由于盲目崇拜球星，为了在同学面前有面子，无所顾忌地购买球星的东西，需要认真教育和引导。

盲目崇拜的危害

　　心理专家耐心地与奇奇交谈，使奇奇知道了什么是盲目崇拜，有什么危害。盲目崇拜就是在没有思考和判断之前，没有分清楚事物或人的本质之前，在没有定性的前提下，不考虑事情的后果，冲动追随的行为。由于学生没有社会经验，辨别是非的能力很差，自我保护能力更差，盲目崇拜容易使人误入歧途或被人

电视综合征、固执与盲目崇拜心理

利用，产生严重后果。盲目崇拜的人，不仅缺乏独立的思考与判断，更缺乏做人知识。

奇奇不断点头，知道了很多社会的事，明白了很多道理。

高楼下的惨痛教训

心理专家把奇奇带到一个小区里，在一座18层的高楼下面站住了。奇奇看见草地上有血迹，疑惑地问是怎么回事。心理专家痛心地说，前些日子，一位高中生盲目崇拜蜘蛛侠，买了蜘蛛侠面具、衣服、鞋子和眼镜，模仿蜘蛛侠的动作爬楼，在5层楼上失手摔了下来，腰椎骨折了，可能无法站立了。现在这位高中生非常后悔，认识到了盲目崇拜的严重后果，可为时已晚。

奇奇看着草地上的血迹，感到很害怕。

体验父母的工作状态

心理专家带奇奇去体验父母的工作，让奇奇亲身感受一下父母工作状态。母亲42岁了，是一家医院的护士，每天给病人输液、打针、测血压、测体温、送药、换药、换床单、解答问

陪孩子走过高中三年
——送给亲爱的高中生

题，很辛苦，一天工作下来，腰酸腿疼、头晕眼花，特别是值夜班时，来回进出病房，不能睡一分钟的觉，十分疲倦。下班以后，母亲还要买菜、做饭、搞卫生、洗衣服，十分疲惫，才42岁，颈椎就不好了，还有了白头发。爸爸45岁了，是工程监理，每天到建筑工地检查施工情况，穿的是普通运动鞋和普通的工作服，十分节俭。奇奇亲眼看见了父母工作场景，内心很愧疚，伤心地流下了眼泪，决定再也不买球星的东西了，要好好学习，长大孝顺父母，不让父母再受累。

爷爷的生活

心理专家与奇奇的爷爷交换意见，带奇奇体验爷爷的晚年生活。爷爷平日有高血压、心脏病和糖尿病，特别是在奶奶去世后，一个人感觉很孤独。爷爷生活非常节省，一分钱都算计着花，不舍得吃、穿，每月的1000元退休金，除去交电费、水费、煤气费、物业管理费等费用，所剩无几。爷爷用的家具全是旧的，电视机是最老的，用了十多年了，可是当奇奇说需要800元钱买学习资料时，爷爷毫不吝惜地把800元钱拿出来。奇奇感到十分愧疚。

电视综合征、固执与盲目崇拜心理

崇拜大讨论

心理专家与奇奇的班主任老师交换意见，建议老师耐心教导奇奇，帮助奇奇树立正确的人生观和价值观。班主任老师很有责任心，在全班开展了"高中学生应该崇拜什么"的大讨论。同学们结合观看我国航天飞船上天的电视转播节目，认真学习研制"两弹一星"科学家们的事迹，明白了高中生要学什么人，追求什么事，知道了肩膀上的担子很重，现在要好好学习，掌握本领，报效祖国。

奇奇在崇拜讨论会上积极发言，提出了"五个一定"，得到了同学们的认可。一定要艰苦朴素，继承中华民族的好传统；一定要学会做人，向真正的伟人学习；一定要脚踏实地，把眼前的学习搞好；一定要学会思考，提高辨别是非的能力；一定要孝顺父母，理解父母，感恩父母。

警示语的作用

心理专家与奇奇一起写了几条标语，内容是：不盲目追星、不盲目崇拜、不盲目追随；做一个积极向上的人；追随伟人的足

迹,为人类做贡献;父母工作很辛苦,要知道感恩……

标语贴在家里的客厅和卧室,每天奇奇都能看几眼,加深印象,效果显著。

经过心理专家的积极干预和大家的共同努力,奇奇明白了应该追求什么,崇拜什么,心思也转移到学习上来了。

心理专家对老师的忠告

一是加强教育,引导为主,善于从思想上和心理上帮助学生克服盲目崇拜的心理和行为。二是科学引导学生树立正确的人生观,比进步、比孝顺、比节约、比感恩、比学习、比纪律。三是积极开展谈心活动,知道学生想什么、干什么,及早把问题解决好。

心理专家对家长的忠告

家长应该把家庭生活情况如实地告诉孩子,让孩子参与家庭生活,知道自己的家庭如何消费。家长不要盲目崇拜,给孩子做个好榜样。

电视综合征、固执与盲目崇拜心理

心理专家对高中生的忠告

高中生要多观察生活,特别是观察父母的生活,要知道珍惜,更要知道真实的生活是什么。要有积极、向上的进取心,克服浮躁的心态和盲目崇拜。要把心思放在学习上,不虚度光阴。给自己安排一些健康、积极、安全、有益的课外生活。要学会思考,提高辨别是非的能力。要主动与家长、老师交流,把心中的烦恼讲出来。

认真回忆一次成功克服盲目崇拜的过程:

后 记

这本书的完成，得到了出版社编辑老师的大力支持和帮助，在此向编辑老师们表示衷心感谢。

为了帮助处于青春期的高中生解决心理问题，提高心理健康水平，防止极端事件发生，作者从日常生活中选出了数十个有代表性的高中生心理健康问题案例，通过回顾事件、分析问题、归纳推理、问题疏导，讲解了解决高中生心理问题的方法、技巧和预防措施，能起到有病治病，无病预防的效果。

为了文字精练，通俗易懂，本书在写法上不是很规范，没有完全按照心理专家治疗的程序描述，跳跃性很大。由于作者水平有限，书中尚有许多不妥和欠完善的地方，特别是有些心理问题分析和解决的方法并不是很透彻具体，个别的事例也不鲜明，希望读者批评指教。